LA PERFORMANCE GLOBALE DE L'ENTREPRISE

- Lien avec la stratégie
- Contexte culturel
- Choix des indicateurs

Éditions d'Organisation
1, rue Thénard
75240 Paris Cedex O5

Consultez notre site :
www.editions-organisation.com

Adresses e-mail des auteurs

Denis MOLHO : denis.molho@free.fr
Dominique FERNANDEZ-POISSON : performancedfp@noos.fr

DFCG
Collection

DENIS MOLHO – DOMINIQUE FERNANDEZ-POISSON

LA PERFORMANCE GLOBALE DE L'ENTREPRISE

- Lien avec la stratégie
- Contexte culturel
- Choix des indicateurs

Préface de JEAN-FRANÇOIS BOSQUET
Président de la DFCG

**Éditions
d'Organisation**

Sommaire

Chapitre 5. Au-delà des méthodes, mettre en œuvre une démarche globale d'accroissement de la performance

Préface

Jean-François BOSQUET

Président de la DFCG

ABM, ABC, Balanced Scorecard, management par la valeur... : autant de méthodes que vous ne trouverez pas exposées ici mais que ce livre vous aidera à choisir plus judicieusement et à appliquer plus efficacement.

Le pilotage de la performance exige qu'on intègre les deux dimensions essentielles que sont la stratégie et la culture de l'entreprise. Denis Molho et Dominique Fernandez-Poisson s'attachent à analyser les interactions entre système d'information et contexte stratégique et culturel, en rappelant dès le départ que les méthodes doivent être au service de la gestion et non l'inverse. L'idée n'est ni originale ni nouvelle. Mais cette approche globale « par le haut » détermine les conditions requises pour que le système d'information soit, non pas le plus sophistiqué, mais construit à l'image de l'entreprise et que tous les acteurs puissent se l'approprier. Il nourrira d'autant mieux le dialogue entre dirigeants d'entreprise, responsables opérationnels et contrôleurs de gestion.

La démarche aurait pu conduire les auteurs à manipuler davantage les concepts au détriment des solutions opérationnelles. Il en est tout autrement, et c'est l'intérêt principal de leurs travaux.

Leur typologie de modèles culturels n'est pas théorique, mais construite en balayant l'ensemble des situations concrètes, ce qui la rend opératoire.

Tout au long de l'ouvrage, de nombreux cas d'entreprise vécus par les auteurs appuient la démonstration et fournissent des repères concrets. Ils sont puisés dans leur large expérience de la conduite de projets, du pilotage stratégique et opérationnel, de la gestion de systèmes d'information. Une expérience doublement acquise dans des entreprises industrielles de taille importante et au sein des grands cabinets de consultants de la place.

Le rôle du contrôleur de gestion, homme orchestre du système de pilotage, est connu.
Les enjeux soulevés par ce livre mettent en évidence les nouvelles exigences du métier. Ce n'est pas un hasard si celui-ci, dans un contexte économique de surcroît difficile et incertain, évolue rapidement et requiert de nouvelles compétences et responsabilités et donc des profils de manager plus complets. De longs développements lui sont consacrés, y compris en situation de crise.

« Bien malheureux celui qui n'a pas d'objectifs car il ne les atteindra jamais » disait le philosophe chinois Lao-Tseu. Plus malheureux encore serait le directeur financier ou le contrôleur de gestion dans cette situation, car il en serait réduit à piloter des moyens. Et n'atteindrait jamais la plénitude de sa fonction.

Puissent les conclusions de cet ouvrage être partagées par les financiers avec la direction générale et l'équipe de direction, qui inspirent et mettent en œuvre la stratégie et portent haut les valeurs culturelles de l'entreprise.

Introduction

Il y a de cela une vingtaine d'années, un des auteurs était un tout jeune contrôleur financier dans une société multinationale américaine. L'entreprise avait développé un portefeuille de produits très diversifié, générant de nombreuses opérations d'arrêts et de lancements de la fabrication. La direction s'interrogeait sur la pertinence des coûts de revient. Or cette entreprise disposait de systèmes d'allocation de coûts sommaires reposant sur les « sempiternelles » unités d'œuvre (heures machines et heures main-d'œuvre directes). Ces systèmes prenaient très mal en compte les coûts relatifs aux temps d'arrêt.

Un de ses premiers jobs a consisté à passer en revue le plan de comptes analytiques, dans l'optique d'une meilleure appréhension des activités et des consommations de ressources. Il a ainsi été amené à compléter les heures machines et heures main-d'œuvre par des vecteurs de coûts en rapport avec la réalité des opérations quotidiennes (nombre de lancements, nombre de modifications des données techniques, taille des lots d'expéditions...). Il faisait de l'ABC*[1] sans le savoir. Ce travail a permis à la direction de disposer d'une vision plus pertinente de la contribution réelle de chaque produit à la rentabilité et d'agir en conséquence sur la gestion du portefeuille. En deux ans, l'entreprise a obtenu une amélioration de sa profitabilité de 20 % par rapport aux capitaux propres.

Plus tard, la direction de la même entreprise (qui ne disposait alors que de résultats comptables édités 25 jours après la fin du mois... !) a exprimé le souhait de disposer d'infor-

---

1. * Les astérisques placés dans le texte renvoient à notre glossaire en fin d'ouvrage.

mations permettant une meilleure maîtrise de la performance. C'est ainsi que l'entreprise a été amenée, d'une part, à réduire les délais de publication des résultats comptables, d'autre part, à concevoir des tableaux de bord dissociant indicateurs de service clientèle (qualité, délais, personnalisation...), indicateurs opérationnels, (coûts, volumes, capacités...), et indicateurs de performance financière. Ces tableaux de bord permirent au comité de direction de prendre des décisions de correction de trajectoire reposant sur les leviers opérationnels. Il s'agissait d'une « Balanced scorecard » qui n'en avait pas le nom.

Un autre conglomérat avec lequel un des auteurs a coopéré il y a une vingtaine d'années attachait beaucoup d'importance à la rémunération des actionnaires. Il en résultait, dans le reporting mensuel, des rubriques consacrées aux consommations de capitaux par lignes de business, notamment au suivi du BFR* et des investissements. Plus tard, la notion de retour sur capitaux employés a été introduite. Il s'agissait de gestion par la valeur avant la lettre.

En fait, les nouvelles méthodes de contrôle de gestion présentent sous « un nouveau jour » des méthodes ou théories qui existent depuis souvent trente ou quarante ans. Les théories liées au coût du capital (capital assets pricing models), qui constituent l'essentiel de ce qu'il est convenu d'appeler aujourd'hui la gestion par la valeur économique, étaient enseignées depuis le milieu des années 1960 dans les programmes MBA des universités nord-américaines.

ABC* correspond, dans les grandes lignes, à une version actualisée des sections homogènes qui reposaient sur l'idée de découpage de l'entreprise en blocs techniques « homogènes » (on pouvait y associer des unités d'œuvre différenciées et représentatives des lois d'évolution des ressources). L'application de cette méthode (et non pas la méthode elle-même) a été souvent déformée au travers de l'utilisation d'unités d'œuvre simplificatrices (heures machines et heures main-d'œuvre), ce qui était à l'opposé des principes initiaux.

Le pilotage dit « par les processus » est une nouvelle dénomination de l'ancien pilotage des cycles.

En définitive, nous n'assistons pas à la création de concepts réellement innovants mais à la mise en valeur de l'un ou l'autre, en fonction de l'évolution du contexte économique, de la culture de l'entreprise et des besoins de pilotage en résultant.

En fait, le point important est que le contexte dans lequel évoluent les entreprises a profondément changé au cours des vingt dernières années, en particulier :

- l'accélération du cycle de vie des produits.

- le passage d'une économie d'offre à une économie tirée par la demande avec l'exacerbation de la concurrence.

- les modifications continues des comportements des consommateurs.

Ce nouveau contexte crée une exigence d'anticipation et de réactivité pour les contrôleurs de gestion qui doivent être en veille constante sur plusieurs fronts : le marché, la performance des processus internes, la rémunération des capitaux investis et les compétences.

Cette réactivité crée à notre sens une quadruple exigence :

- La mise en place d'outils restituant une information fiable et tournée vers la prévision et la prise de décision. Au-delà des méthodes qui cherchent principalement à mesurer des résultats atteints, les nouvelles méthodes de « contrôle de gestion » (tableau de bord « balanced scorecard[2] », ABC*[3], Gestion par la valeur*...) facilitent l'anticipation et la réactivité, car leur cadre d'analyse repose davantage sur des réalités opérationnelles (processus, activités...).

---

2. Cf. chapitre 3, section 4.
3. Cf. chapitre 3, section 4.1, paragraphe « Perspective financière ».

- la déclinaison de la stratégie de l'entreprise doit être clairement effectuée afin de pouvoir donner de la consistance au cadre de pilotage.

- la prise en compte du contexte culturel propre à chaque entreprise :
  - les modalités de la communication entre individus,
  - l'organisation des délégations,
  - la hiérarchie des indicateurs (technique, financier...).

- la modification du rôle des contrôleurs de gestion : la partie des travaux de ces derniers consacrée à la production d'information s'est réduite (notamment grâce aux systèmes d'information actuels : ERP*, décisionnels) au profit d'un nouveau rôle d'assistance.

Cet ouvrage ne vise donc pas à développer des théories sous-tendant des méthodes : nombre d'excellents manuels en traitent par ailleurs. En s'appuyant sur des exemples vécus et des solutions éprouvées, cet ouvrage entend apporter des conseils à ceux qui devront bâtir un système de pilotage, au service de leur stratégie et en respectant la culture unique de leur entreprise.

Il s'adresse donc, non seulement aux directeurs financiers et contrôleurs de gestion en charge dans l'entreprise de mettre en place les systèmes de pilotage, mais également aux dirigeants opérationnels soucieux de mesurer leur performance et d'avoir la visibilité sur la mise en œuvre de leur stratégie.

Chapitre 1

Piloter la mise en œuvre
de la stratégie

Pourquoi piloter la stratégie ? Les stratégies échouent très souvent, non pas parce qu'elles sont infondées en soi, mais parce qu'elles ne sont pas accompagnées d'une communication suffisante, pas plus qu'elles ne sont déclinées en plans d'action opérationnels ni pilotées. D'où la nécessité de mettre en place un système de pilotage formalisé. Faute d'un tel système, l'entreprise court le risque d'une réflexion stratégique perçue comme déconnectée des réalités et donc, sur le fond, inutile.

En outre, et là est le danger majeur, le processus budgétaire risque d'être très déphasé voire contradictoire par rapport aux orientations stratégiques.

Nous développerons ci-après, les principales étapes de la formalisation d'une stratégie.

1. Formaliser la stratégie

Piloter la stratégie suppose de l'avoir au préalable formalisée. Voici les principales étapes de la formalisation d'une stratégie :

Figure 1.1
Les principales étapes de la formalisation d'une stratégie

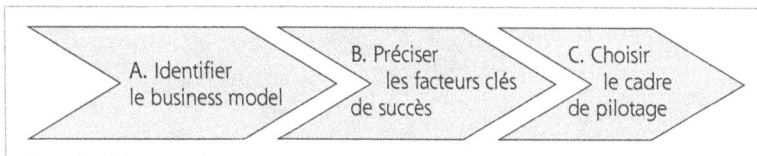

A. Identifier le business model > B. Préciser les facteurs clés de succès > C. Choisir le cadre de pilotage

1.1 Identifier le « business model » de l'entreprise

En particulier, il s'agira de définir :
- les marchés,

- les couples produits x marchés,
- les performances escomptées par segment : profitabilité, niveaux de capitaux employés, cycles de vie, stades d'évolution, perspectives...
- les facteurs clés de succès déclinés par segment produits x marchés.

Très souvent, ce travail est escamoté dans les entreprises : la réflexion sur la segmentation en domaines stratégiques (produits x marchés) est insuffisante et les facteurs clés de succès restent au niveau de généralités (améliorer la qualité, développer les compétences managériales...). Ces généralités ne constituent pas une base suffisante pour construire un système de pilotage efficace, centré sur les leviers inducteurs de performance.

1.2 Préciser les facteurs clés de succès

Complément de la définition des domaines d'action stratégiques (cf. *supra*), l'identification des facteurs clés de succès permet d'appréhender les facteurs concurrentiels sur lesquels l'entreprise doit bâtir son avantage distinctif (*core competencies*) et son « chemin de performance maximale ».

Les particularités métiers de l'entreprise et les choix stratégiques, réalisés en amont, conditionnent l'identification des facteurs clés de succès.

Exemple de facteurs clés de succès

Entreprise financière spécialisée dans le crédit à la consommation

Une entreprise financière spécialisée a identifié les domaines stratégiques suivants :

- segment A : clientèle moyenne-inférieure « sub-standard » pour la vente de crédits revolving de consommation.

- segment B : clientèle moyenne-supérieure « sup-standard » pour la vente de crédits non adossés à moyen terme.

Figure 1.2
Les facteurs clés de succès par segment

Domaine stratégique	Facteurs clés de succès
Segment A	• Maîtrise du risque amont, à la signature du contrat • Maîtrise du processus de recouvrement • Mise en place d'un fichier commercial.
Segment B	• Mise en place d'un fichier commercial • Maîtrise du marketing direct « person to person » • Personnalisation de l'offre • Délai de traitement des dossiers.

Le manque de hiérarchisation et de cohérence dans la définition des facteurs clés de succès est souvent le lot des entreprises. On se doit de définir de façon restrictive le nombre de facteurs clés de succès et de faire des choix cohérents. Cela n'a pas de sens de dire que l'on privilégie une politique de coûts bas reposant sur de forts volumes et que, dans le même temps, on va personnaliser l'offre, ce qui va dans le sens inverse d'une stratégie de produits standardisés en volumes importants.

Exemple de construction d'un plan stratégique

Entreprise de services industriels

Une entreprise de services industriels organisée par grandes régions procède chaque année à une actualisation de son plan stratégique. Ce dernier comprend deux niveaux :

- Un niveau national dans lequel vont être détaillés tous les grands investissements d'infrastructure.

- Un niveau régional qui va correspondre aux degrés de liberté des régions.

Aux deux niveaux, national et régional, l'exercice est structuré et comprend les chapitres suivants que nous illustrons pour une région :

1. Orientations – axes d'actions

1. Développer la connaissance et le traitement des clients pour répondre à la concurrence transfrontalière.

2. Acquérir 10 % de part de marché sur les clients étrangers de la région transfrontalière.

3. Structurer le pilotage des projets commerciaux et d'investissement dans le sens d'une meilleure maîtrise des coûts et de la profitabilité.

4. Renforcer la démarche qualité sur le processus de service à la clientèle.

5. Faire évoluer l'organisation et le fonctionnement de la région dans le sens d'une responsabilisation sur des résultats.

2. Domaines stratégiques

- Clientèle actuelle : particuliers et entreprises sur lesquels il convient de maintenir la pénétration existante. Offre actuelle de services + enrichissement par de nouveaux services plus personnalisés.

- Clientèle frontalière étrangère particulière et entreprises qu'il convient de développer avec un objectif de part de marché de 10 %.

3. Diagnostic par rapport au contexte externe

- Pénétration sur la clientèle courante encore inférieure à la moyenne nationale. Néanmoins, progression plus forte de la pénétration que la moyenne nationale.

- Perspectives de progression sur le segment industriel plus lentes à 5 ans. Nécessité, en conséquence, de trouver des débouchés sur une clientèle étrangère et d'élargir l'offre de service sur la clientèle « nationale » de particuliers .

- Bonne image de compétence technique et de qualité de service. Délais d'intervention en première livraison et mise en service jugés positivement. Des réserves, néanmoins, sur les tentatives d'élargissement de la gamme de service qui doivent être plus « professionnalisées ». Un effort d'industrialisation des tâches reste à faire.

4. Diagnostic sur la performance des processus internes

- Vétusté de certaines installations lourdes et nécessité de programmer des travaux de gros entretien. Compte tenu des contraintes réglementaires à cet égard, une enveloppe de gros travaux de 1 million d'euros est à prévoir.

- Coûts d'exploitation plus élevés que la moyenne nationale, et ce, pour tous les produits. Un programme de baisse des coûts d'exploitation unitaire de 5 % minimum, à l'échéance de deux ans, est indispensable pour maintenir la compétitivité et le positionnement vis-à-vis de la concurrence.

- Investissements : dérapage des coûts d'ingénierie dans un contexte de baisse du programme des travaux. Risque fort de dérapage sur les coûts et le taux d'inactivité des ressources d'ingénierie.

- Acquisition de clientèle et développement du chiffre d'affaires sur la clientèle existante :
  - Faible connaissance de la clientèle actuelle. Nécessité d'une connaissance plus fine à des fins de développement de l'offre de services, du chiffre d'affaires associé, de contre-attaque par rapport à la concurrence étrangère.
  - Pas ou peu de connaissance de la clientèle étrangère frontalière.
- Système de pilotage : trop global. Ne fournit pas suffisamment d'informations sur la profitabilité, sur les axes produit-clients, mais aussi sur les leviers d'action permettant d'agir sur les coûts et les marges.

5. Facteurs clés de succès

Ils découlent du diagnostic et des orientations stratégiques :

- Améliorer la connaissance des clients internes et frontaliers afin de maintenir et développer le chiffre d'affaires en volume et en contenu.
- Développer le chiffre d'affaires sur les clients étrangers proches de la frontière.
- Remettre à niveau technique l'outil industriel vétuste.
- Réduire de 5 % les coûts d'exploitation par une meilleure adaptation des équipes, un meilleur niveau d'activité des personnes et équipements. Mieux dimensionner la sous-traitance.
- Mettre en place un système de pilotage fournissant une meilleure visibilité clients-produits.

1.3 Choisir le cadre de pilotage de la stratégie de l'entreprise

Il s'agit, pour définir le cadre de pilotage stratégique, de privilégier certains axes d'analyse qui vont être fondamentaux, qu'il s'agisse d'allouer des ressources ou de mesurer des résultats : s'agit-il de piloter des sociétés, des entités géographiques, des produits, des clients…?

À cette fin, un cadre très précis doit être défini. Il faut, en outre, exploiter ce cadre de pilotage pour décliner les objectifs de rentabilité économique escomptés. Une fois ce préalable de formalisation effectué, l'entreprise va pouvoir se concentrer sur la mise en œuvre de la stratégie à proprement parler.

En résumé

Les stratégies échouent le plus souvent au stade de leur mise en œuvre car elles sont insuffisamment pilotées et ne bénéficient pas d'une communication adaptée. Piloter la stratégie suppose de l'avoir au préalable formalisée. La formalisation de la stratégie passe par trois principales étapes :

A – Identifier le business model

B – Préciser les facteurs clés de succès

C – Choisir le cadre de pilotage.

2. Mettre en œuvre la stratégie

Pour mettre en œuvre la stratégie, voici les principales questions dont il convient de traiter :

- Sur quels domaines stratégiques et selon quels critères allouer les ressources financières, par définition rares et limitées ?
- Sur quelles modalités doit-on faire reposer le pilotage opérationnel au regard des objectifs stratégiques préalablement définis ?
- Comment développer et piloter la valeur à créer pour le client ?
- Comment maîtriser l'évolution du contexte externe ?
- Sur quels processus opérationnels ou de support faut-il exceller ?
- Comment maintenir et développer les compétences au meilleur niveau ?

2.1 Allouer les ressources en ligne avec la stratégie

Par définition, les ressources des entreprises sont limitées, qu'elles soient relatives à l'exploitation ou à l'investissement. Elles doivent donc être allouées de manière totalement cohérente avec la stratégie, notamment au regard des facteurs clés de succès et des objectifs de rentabilité économique (figure 1.3 ci-après).

Figure 1.3
Les différentes étapes d'approbation des investissements

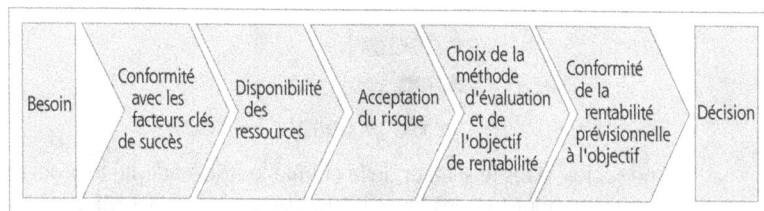

Toutes les démarches efficaces d'approbation et de sélection adoptent la séquence suivante :

1. L'investissement est-il en ligne avec les facteurs clés de succès ? Par exemple, un investissement d'automatisation des opérations sera cohérent avec une stratégie de réduction des coûts et d'accroissement de la productivité.

2. L'enveloppe budgétaire est-elle compatible avec l'équilibre financier de l'entreprise ?

3. Quel est le niveau de risque de l'investissement, en termes de fiabilité des coûts estimés, de bénéfices attendus et de délais ?

4. Compte tenu du niveau de risque et du coût moyen du capital de l'entreprise, quel objectif de rentabilité économique (ROI*) faut-il retenir ?
   Quels scenarii retenir pour évaluer la rentabilité escomptée de l'investissement ?

5. La rentabilité escomptée est-elle conforme aux objectifs ?

Exemple de procédure d'approbation des investissements

Société du secteur de la chimie lourde

Une société dans le secteur de la chimie lourde a adopté le processus suivant pour tous les investissements supérieurs à 1 MF :

1. note de cadrage préalable précisant le positionnement de l'investissement par rapport aux orientations stratégiques du groupe (par exemple : capacité, productivité, zone géographique prioritaire...) ;

2. approbation du cadrage préalable et présentation des ratios de rentabilité escomptés (type ROI, IRR, ROCE...)* ;

3. validation des études de rentabilité, notamment sous l'angle des hypothèses sous-jacentes, des scenarii retenus, des études de sensibilité aux variations d'hypothèses ;

4. attribution d'un niveau de risque au projet ; ce niveau permettant, couplé avec une référence de coût moyen du capital, de définir un objectif cible de rentabilité ;

5. décision finale.

La mesure des risques est un des points les plus sensibles de la gestion stratégique, en ce sens qu'elle impacte fortement les décisions de croissance externe.

Exemple d'utilisation de classes de risque pour le choix des investissements

Entreprise de services

Le processus de croissance externe d'une grande entreprise de services a fait ressortir les étapes suivantes :

1. diagnostic du positionnement stratégique de la cible ;

2. évaluation du niveau de risque de la cible en fonction d'un diagnostic stratégique, financier, opérationnel ;

3. scoring du type d'investissement selon les classes de risques et le niveau de maturité.

Trois classes ont été ainsi déterminées :

- Classe A = société mature
- Classe B = société en développement
- Classe C = société émergente.

Figure 1.4
Scoring des entreprises
selon le niveau de maturité et le niveau de risque

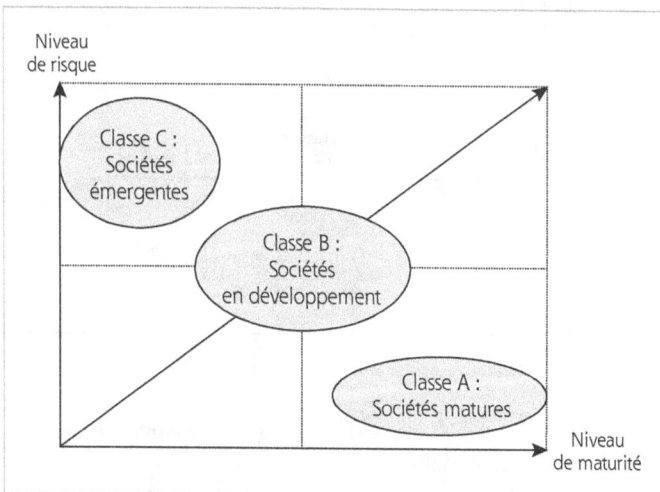

Pour chacune de ces classes, un niveau de risque a été défini et quantifié sous la forme d'un coefficient ß* (le ß mesure *la volatilité relative du titre par rapport aux fluctuations du marché*). Ce ß impacte les méthodes de choix d'investissements, de type ROI*, payback, cash flow* actualisé.

En général, le taux de rendement interne (TRI*) attendu d'un investissement résulte de la combinaison des paramètres suivants :

- le taux d'un investissement à long terme sans risque,

- la prime de risque du marché actuel,

- le ß qui permet d'adapter la prime de risque moyenne du marché au niveau de risque spécifique de la cible.

Nous reprenons, ci-après, le processus de choix d'investissements pour un groupe de sociétés de services (figure 1.5).

Figure 1.5
Typologie d'investissement
et valorisation pour un groupe du secteur des services

	Type d'investissement	Caractéristiques	Durée d'invest..	TRI	PER	BETA ß(a)
A	Sociétés matures	• Sociétés mûres • Long historique • Très bonne visibilité • Cash flow* stabilisé • Pas de risque technologique	5/7 ans	15-20 %	10/15 x	1 x à 1,5 x
B	Sociétés en développement	• Société de croissance • Historique récent • Visibilité incertaine (peu de réserves, fiabilité financière faible) • Cash flow* non stabilisés • Certains risques technologiques	3/5 ans	25/30 %	8/10 x	1,5 x à 2 x
C	Sociétés émergentes	• Start-up (pas de CA) • Pas d'historique • Risques élevés (technologiques, financiers...) mais espoir de rentabilité fort • Pas de cash flow*	2/3 ans	30/40 %	_ x	2 à 4 x

(a) ß = coefficient, propre à lentreprise, multiplicateur des risques marché-actions évalués à Paris entre 3,5 et 4,5 % sur les 30 dernières années par le consensus de Place.

Observations – Il faudrait, dans une perspective de hiérarchisation et de valorisation, rajouter à ces critères la notion de cash flow* actualisé sur la base du coût moyen du capital*.

2.2 Piloter les leviers de la profitabilité et les objectifs stratégiques

Une fois les objectifs et les domaines stratégiques définis, la question essentielle est de définir au regard de ces objectifs les modalités du pilotage opérationnel.

Une chose est de dire qu'il faut adopter une politique de coûts bas reposant sur des volumes élevés, une autre de traduire ces objectifs stratégiques en actions concrètes, par exemple la standardisation des fabrications, l'abandon des petites séries, etc.

Exemple de déclinaison des objectifs stratégiques

Entreprise du secteur agroalimentaire

Une entreprise du secteur agroalimentaire, fabriquant des produits de grande consommation pour une clientèle d'Europe de l'Ouest, s'est fixé les objectifs stratégiques suivants pour les trois années à venir :

- réduire les coûts industriels, au prix d'une réduction de la diversité ;

- maîtriser les coûts logistiques et leur répercussion notamment sur la grande distribution ;

- augmenter les marges ;

- accroître la performance de la R&D, sous l'angle des coûts de développement de nouveaux produits.

Les processus identifiés pour cette entreprise sont les suivants :

- R&D Innovation
- Marketing
- Approvisionnements – Achats   } Processus métier
- Production
- Logistique – Expédition

- Finances – Comptabilité – Contrôle de gestion
- Administration commerciale, facturation   } Processus support
- Administration du personnel

Les objectifs stratégiques ont été exprimés en termes d'enjeux de performance par processus. Quatre grands enjeux ont été identifiés selon le schéma ci-après (figure 1.6) :

Figure 1.6
Définition des objectifs stratégiques

		Objectifs stratégiques	Enjeux
Processus	Production	• Réduire sur 12 mois les coûts unitaires • Sans investissement complémentaire, accroître les capacités de production	• – 10 % • + 10 %
	R&D Innovation	• Réduire les temps de développement des nouveaux produits • Réduire les coûts de développement des nouveaux produits	• – 1/3 délai • – 1/3 coûts
	Logistique	• Répercuter au client les coûts logistiques finaux (entrepôts) • Réduire les coûts	• + % sur les prix de vente • – % sur les coûts
	Support	• Améliorer la productivité des fonctions administratives et financières	• – 10 % sur un an.

L'effet escompté de l'ensemble de ces mesures était un accroissement du résultat d'exploitation de 15 %.

Une fois définis les objectifs stratégiques, l'étape suivante consiste à déterminer les leviers opérationnels par processus.

Prenons à titre d'exemple l'enjeu « réduire les coûts industriels » pour le processus production. L'étape suivante va ensuite consister à actionner les leviers opérationnels identifiés, corriger les dérives éventuelles, mesurer l'impact sur l'indicateur de performance « en résultant », à savoir la réduction des coûts de production (figure 1.7).

Figure 1.7
Définition des leviers opérationnels
et des indicateurs de performance
pour le processus production

Facteur critique	Activités concernées	Leviers opérationnels	Indicateurs
Volume des séries	• Changement d'outillage • Réglage des outillages • Nettoyage de la ligne • Lancement des batch	• Nombre de lancements Durée des réglages • Nombre de lancements • Nombre de lancements • Nombre de lancements	• Volumes des séries • Nombre de lancements • Coûts de production moyens de certains produits
Complexité produit	• Préparation lancements • Non-qualité de production • Contrôle des produits finis • Encadrement ligne	• Nombre de composants • Nombre de composants • Nombre de composants	• Nombre de composants /nouveau produit

Enjeu : réduire les coûts industriels

Les actions qui ont été décidées ont porté sur :

• l'abandon des produits à faible volume,

• l'abandon des séries courtes,

• la réduction du nombre d'emballages,

• l'abandon de produits déficitaires,

2.3 Accroître la valeur créée pour le client

Au cours des vingt dernières années, les méthodes de valorisation des entreprises ont toutes cherché à prendre en compte la valeur des actifs immatériels.

Nous retiendrons trois types d'actifs immatériels.

Tout d'abord, premier type, la marque avec les deux exemples suivants :

• le secteur du luxe : une même marque se décline en plusieurs produits ;

- le secteur agroalimentaire : une même marque, une eau par exemple, se commercialise sur le marché de la cosmétique et des produits de soin…

La stratégie de ces entreprises consiste donc à se développer sur de nouveaux marchés en s'appuyant sur la notoriété et l'image de leur marque.

Deuxième type, le portefeuille de clients. Dans le secteur des télécommunications, la valorisation boursière des entreprises dépend du parc d'abonnés. Les opérateurs de téléphonie mobile se sont livrés, entre les années 1995 et 2000, à une compétition acharnée pour la « conquête » de nouveaux abonnés. Les dépenses commerciales engagées pour l'acquisition de nouveaux clients (subvention du portable, prime au réseau de distribution, etc.) doivent être considérées comme des investissements au même titre que les investissements matériels, techniques et informatiques. Pour certains opérateurs, ces investissements commerciaux peuvent excéder en valeur le montant des investissements techniques.

Troisième type, les investissements de « Recherche et développement ». Ces actifs immatériels sont particulièrement créateurs de valeur dans les secteurs où l'innovation peut remettre en cause les positions acquises.

Dans ce contexte, les outils de pilotage stratégique doivent intégrer des indicateurs mesurant la performance sur des éléments immatériels.

À cet égard, l'outil de pilotage de type « balanced scorecard » répond bien à cette problématique avec sa déclinaison en quatre axes, dont l'axe marché /clients (ce point sera développé ultérieurement plus en détail au chapitre 3).

En général, se pose pour l'entreprise, ses dirigeants et ses actionnaires, la problématique de la stabilité, voire de la croissance de ses performances. Il est donc essentiel de définir les politiques et les plans d'action qui vont permettre un développement à long terme de l'entreprise.

Ce développement à long terme passe par la création de la valeur client. Deux questions essentielles doivent être traitées :

- Comment la développer et la piloter ?
- Quels paramètres mesurer ?

Nous développerons ici les principaux leviers, sans pour autant chercher à être exhaustif.

a) La satisfaction client

Ce paramètre est essentiel pour mesurer l'adéquation de l'offre à la demande et mieux garantir ainsi le développement à long terme de l'entreprise. La satisfaction du client va être un des moteurs dans la répétition des actes d'achat et va faire du client existant un agent de promotion de la marque. Il est d'usage d'effectuer des enquêtes de satisfaction client dans les secteurs des produits de grande consommation mais également dans les secteurs des services « business to business ».

Dans ces secteurs, la proportion de chiffre d'affaires récurrent fait avec le portefeuille de clients existants est un des facteurs clés de la performance économique d'ensemble et donne lieu à un suivi régulier.

b) La fidélisation des clients

La fidélisation des clients est un des facteurs clés de succès, au regard des investissements commerciaux effectués dans certains secteurs pour l'acquisition de nouveaux clients. Par exemple, les opérateurs de téléphonie mobile ont tous lancé des actions de fidélisation de leurs abonnés après la phase de « conquête » : renouvellement du portable, points fidélité, etc. De ce point de vue, les indicateurs sont plus difficiles à définir dans un contexte de renouvellement régulier de produits. Par exemple, une entreprise du secteur « high tech » mesure le taux de passage à la concurrence de ses clients existants, mais aussi le taux de consultation de l'entreprise par les clients existants, avant achat d'un nouveau produit.

c) L'anticipation des besoins

L'anticipation des besoins clients est un des leviers d'action pour la création de la valeur client. Les moyens à mettre en œuvre pour y parvenir ne doivent pas laisser le pas aux solutions techniques avant d'avoir procédé à l'analyse des motivations et des comportements d'achat des consommateurs.

Il est donc important de mettre en place des systèmes de veille à travers la constitution des panels, de clubs utilisateurs, d'enquête sur les comportements, etc.

d) La gestion après-vente

Après l'acte d'achat, la gestion après-vente est une des fonctions qui permettent de garder le contact avec le client. C'est dans ce cadre que les attentes et la satisfaction des clients peuvent être également mesurées.

Dans le secteur des services, les fonctions « gestion clientèle » se sont particulièrement développées. De nouveaux métiers ont ainsi émergé.

Dans les entreprises de télécommunications mobiles, ces fonctions ont pris une importance particulière. C'est au travers de plates-formes de service, à l'occasion d'un contact entre un opérateur et le client, que ce dernier :

- est informé des nouvelles offres,
- consulte sa facturation,
- modifie son contrat,
- résilie son contrat,
- obtient des informations sur l'état du réseau.

e) La segmentation

Les systèmes de pilotage ont évolué ces derniers temps : seulement plus limités à la seule analyse de la performance économique des différentes gammes de produit, ils prennent également en compte la performance économique par segment de marché.

Cette évolution est particulièrement nette dans le secteur des services.

Nous mentionnerons à titre d'exemple deux secteurs :

- le secteur des services financiers,

- le secteur des télécommunications.

Dans une entreprise française de télécommunications, le marché de la mobilité a été appréhendé au travers de différents segments, en particulier :

1. le segment des abonnés générant un chiffre d'affaires élevé (ARPU[4]),

2. le segment des abonnés générant un chiffre d'affaires moyen,

3. le segment des pré-payés (cartes pré-payées).

L'organisation de la branche mobilité a été revue en fonction de cette segmentation et le pilotage a été adapté à ce modèle. En particulier, les objectifs de marge brute et de marge nette ont été différenciés selon ces segments. L'ensemble des politiques orientées clients – marketing, gestion commerciale, fidélisation, gestion de l'après-vente – ont été déclinées par segment.

Par exemple, la fidélisation d'un client dans un segment à forte marge est plus critique que celle d'un client générant une moindre rentabilité. Ces systèmes de pilotage par segment sont ainsi devenus essentiels dans l'entreprise.

---

4. Average Revenue Per Unit : revenu moyen par abonné.

2.4 Maîtriser l'évolution du contexte externe : marché, concurrence, nouvelles technologies

Les entreprises sont de plus en plus confrontées à un contexte en constante évolution, voire en complet bouleversement. Des changements importants interviennent dans différents domaines. Par exemple :

- entrée de nouveaux acteurs sur les marchés, liée aux ruptures ou évolutions technologiques,

- changement de cadre réglementaire,

- développement économique des pays émergents.

Dans ce contexte, les entreprises doivent sans cesse réévaluer leur stratégie, leur positionnement. Les positions sont de moins en moins acquises et des entreprises emblématiques en arrivent même à sombrer (par exemple : compagnies aériennes américaines, Swissair, etc.).

Il est essentiel dans ce contexte de collecter et d'analyser des données sur la concurrence et de s'y comparer (benchmarking). La disponibilité des informations sur la concurrence est une des difficultés à maîtriser.

De plus en plus d'entreprises mettent en place des structures de veille concurrentielle. Des cabinets se sont également créés ces dernières années dans ce domaine.

2.5 Être au meilleur niveau des processus opérationnels et de support

L'avantage concurrentiel ne s'exprime pas seulement au travers de la supériorité produit et de la puissance de la marque mais aussi au travers des processus opérationnels et de support. Un des processus opérationnels critiques est la relation client.

a) Le capital client et la relation client

Il est essentiel pour les entreprises de développer des relations clients durables en assurant une grande qualité de service et en répondant aux attentes de ces derniers. Le produit le plus performant et le plus innovant, dont le lancement est soutenu par un plan média ambitieux, « sera handicapé » dans sa commercialisation si les processus logistiques (prise de commande, gestion des stocks de produits finis, plate-forme d'expédition, livraison, etc.) n'ont pas été pris en compte et si leur contribution n'a pas clairement été évaluée.

Beaucoup d'entreprises (9 sur 10) échouent dans la mise en œuvre de leur stratégie, en particulier, parce que les objectifs ne sont pas déclinés en plans d'actions concrets qui puissent servir de cadre de référence aux prises de décisions quotidiennes et aux allocations de ressources.

Cela est particulièrement pertinent pour la relation client. Le client doit être au cœur des préoccupations de l'entreprise.

Bien des fonctions contribuent à la relation client mais seule une approche cohérente de ce processus transversal permettra de créer de la valeur, à la fois pour le client et pour l'entreprise.

En effet, des décisions relatives à une seule fonction, y compris celles prises dans un souci d'amélioration de la performance, peuvent avoir des impacts négatifs sur une autre fonction, qui contribue elle aussi à la relation client.

Dans le secteur agroalimentaire des plats cuisinés, les principales enseignes de la grande distribution fixent des objectifs de taux de service très ambitieux ($\geq 90\%$) et appliquent des pénalités en cas de non-respect.

Dans une entreprise de ce secteur, les quantités à produire lors du lancement d'un nouveau produit ont été surestimées par le service marketing pour sécuriser le taux de service. Compte tenu des difficultés de démarrage des ventes, cela a généré un taux de *pertes* de produit élevé dû aux dates de péremption dans ce secteur.

Or l'entreprise avait lancé en parallèle un plan de réduction des coûts. Après une analyse des processus logistiques et des critères d'évaluation des managers, il est apparu que les coûts liés aux *pertes* n'étaient pas réaffectés au « compte de résultats » de la marque. Quant au centre logistique, il était essentiellement jugé sur son taux de service.

Une des priorités consiste à bien appréhender les interactions, les conflits de priorités ou d'intérêts sur l'ensemble des processus « transversaux » (par exemple : « supply chain »). Nombre d'entreprises rencontrent des difficultés dans le développement de la coopération entre les services et la recherche de synergies transversales. Or le chemin de l'excellence dans le domaine de la relation client passe par cet apprentissage organisationnel et « managérial ».

Les nouvelles technologies, type Internet, n'apportent de réelle valeur que si elles permettent d'améliorer la circulation de l'information à l'intérieur d'un réseau d'acteurs mobilisés sur un même objectif.

Trop souvent, les outils et les systèmes prennent le pas sur la définition des objectifs opérationnels. Il faut créer les conditions de succès en adoptant une démarche « vertueuse » qui passe par trois étapes clés (Voir figure 1.8 ci-après) :

Figure 1.8
Les cercles vertueux du développement
de la relation client

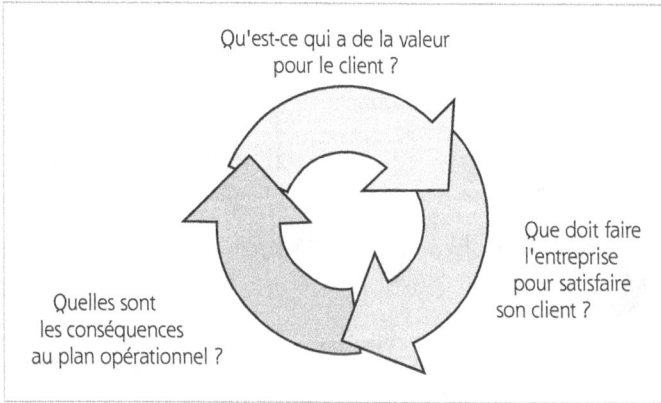

Qu'est-ce qui a de la valeur
pour le client ?

Que doit faire
l'entreprise
pour satisfaire
son client ?

Quelles sont
les conséquences
au plan opérationnel ?

Exemple d'une stratégie
centrée sur le service au client

Entreprise du secteur des services

Une grande entreprise du secteur des services avait décidé de faire du service au client, dans de bonnes conditions de rentabilité, l'axe maître de sa stratégie.

La première étape a été de décliner sur les processus opérationnels cet enjeu de services.

Dans un premier temps, l'entreprise a décliné l'objectif stratégique global « mieux satisfaire les clients » en sous-objectifs plus spécifiques.

- baisser le coût unitaire du service,

- connaître les attentes de la clientèle sur les métiers de base et sur les métiers nouveaux,

- faciliter l'accès à l'entreprise, notamment par l'amélioration de l'accueil,

- élargir la gamme de produits grand public.

Dans un deuxième temps, l'entreprise a identifié les leviers d'action opérationnels susceptibles de faire évoluer les performances dans le sens souhaité.

Par exemple, pour l'objectif stratégique « faciliter l'accès à l'entreprise », voici les leviers d'action retenus :

- la gestion de l'accueil téléphonique, électronique ou courrier ;

- le contenu et la mise à disposition des outils d'information et de conseil sur la tarification, les modes de paiement...

- la gestion des offres préliminaires et des avenants : études préliminaires, devis, gestion des modifications à la demande des clients...

- les délais et la qualité de petites interventions à la demande des clients : information préliminaire, fixation de plages horaires, délais rapides.

Dans un troisième temps, l'entreprise a défini des orientations d'action et des objectifs pour ces leviers opérationnels.

Par exemple, pour les délais et la qualité des petites interventions, les plans d'actions suivants ont été définis :

- clarifier le délai cible, qui ne peut dépasser 8 jours ;

- améliorer l'exploitation de l'échéancier électronique permettant un suivi du délai par affaire ;

- réduire à 5 jours ouvrés les délais de réalisation des offres préliminaires ;

- optimiser le contenu des tournées en clientèle des agents par un ajustement du niveau de découpage géographique de ces tournées.

b) Le processus innovation

L'excellence opérationnelle dans les processus s'applique tout autant au processus innovation. C'est de son efficience que dépend la réussite de la mise en œuvre d'une stratégie d'innovation.

Les succès rencontrés dans ce domaine relèvent autant des capacités créatives d'une entreprise que de ses capacités à piloter et à organiser ce processus. L'efficience se mesurera aux résultats obtenus en termes de valorisation pour les nouveaux produits.

A cette fin, les entreprises qui pilotent effectivement le processus innovation se dotent, en général, de systèmes incitatifs d'encouragement à l'innovation de manière à obtenir un flux de projets suffisamment important.

Dans ce cadre, le pilotage des cycles de développement est essentiel car la gestion du temps dans un objectif de « juste à temps » est un des facteurs clés de succès.

C'est un processus qui requiert également dans l'entreprise des capacités à coopérer en réseau et de manière transversale. Les responsables marketing doivent travailler en étroite collaboration avec les responsables de la R&D. Les responsables de la production doivent être associés au plus tôt car leurs contraintes doivent être prises en compte le plus en amont possible.

c) Le processus de production

La maîtrise des coûts est un des facteurs clés de la compétitivité d'une entreprise. L'excellence opérationnelle dans ce domaine consiste :

- d'une part, à effectuer les « bons compromis », tout d'abord entre « qualité et coût », puis entre « spécifique et général »,

- d'autre part, à rationaliser et standardiser les méthodes de travail afin de définir « le plus grand dénominateur commun » à tous les produits qui devront être fabriqués.

Dans la même entreprise du secteur agroalimentaire évoquée précédemment, la fonction production n'était pas suffisamment associée au choix de base, d'ingrédients et de parfums au moment des lancements de nouveaux produits. Les injonctions du Marketing produit et les résultats des tests clients étaient les plus déterminants dans les prises de décision.

Il en résultait une très grande complexité pour la fabrication avec un nombre très élevé de gammes, y compris pour des petites séries. Pour réduire ses coûts industriels, il était incontournable pour cette entreprise de réduire cette complexité produit, compte tenu des différentes bases et ingrédients qu'il fallait incorporer.

d) Les fonctions de support

Traditionnellement, les fonctions de support recouvrent principalement :

- la fonction ressources humaines
- la fonction comptabilité finances
- la fonction juridique
- la fonction stratégique
- la fonction communication
- la fonction moyens généraux
- la fonction audit interne
- la fonction système d'information
  et informatique

En fait, l'expression fonctions de support recouvre des fonctions dont le niveau de contribution, pour l'atteinte des objectifs stratégiques, est très disparate. Les vraies questions portent sur :

- la concentration des ressources sur le cœur du métier
- la réduction des coûts des fonctions
- l'amélioration de la qualité
- l'exploitation, au bénéfice de l'entreprise, des frictions fonctions support-cœurs de métier.

Selon le niveau de contribution au cœur du métier, il sera possible de déterminer quelles sont les fonctions créatrices de valeur, par rapport à celles pour lesquelles les enjeux se posent en termes de productivité.

Pour les fonctions faiblement créatrices de valeur, des solutions d'externalisation ou de mutualisation peuvent être envisagées compte tenu du niveau d'excellence interne. S'il est moins coûteux d'acheter à l'extérieur le même service assuré en interne, à qualité équivalente, la fonction sera *outsourcée*. La même logique d'*outsourcing* des fonctions de production s'applique donc aux fonctions de support.

Ces dernières années, un grand nombre de sociétés de *facilities management* se sont développées, allant des services de type *utilities* à des activités de type comptabilité (client, fournisseurs, comptabilité générale). Le développement des nouvelles technologies et des systèmes d'information a permis en définitive d'industrialiser et de délocaliser des fonctions administratives.

Si la comptabilité peut être externalisée, il n'en va pas de même pour le contrôle de gestion qui est essentiel au pilotage. De même, si la paie peut être outsourcée, la gestion des ressources humaines ne peut l'être, le développement et le maintien des compétences au meilleur niveau constituent un des axes stratégiques majeurs d'une entreprise.

L'externalisation « totalement externe » n'est pas la seule solution. Il existe d'autres possibilités de mutualisation des ressources au sein d'un groupe, ce qui peut être une première étape vers l'externalisation. Le mode de gestion des fonctions mutualisées devient aussi essentiel que la mutualisation ; c'est au travers du mode de gestion que les bénéfices sont partagés et redistribués aux actionnaires/ clients de l'entreprise.

A titre d'exemple, nous évoquerons une société de services a été créée en 1994 pour assurer initialement les fonctions finance et comptabilité d'un groupe international de communication, présent dans 102 pays.

Aujourd'hui, cette entreprise assure un back office complet à l'ensemble des sociétés du groupe (80 entités dont les holdings) :
- finance,
- ressources humaines,
- juridique,
- assurances,
- immobilier,
- achats,
- systèmes informatiques.

Elle est certifiée ISO 9002 pour la partie financière. Elle est constituée en S.A., finançant ses investissements, disposant d'un pouvoir de décision et d'un centre de contrôle interne.

2.6 Maintenir et développer les compétences au meilleur niveau

Pour maintenir un haut niveau de performance et mettre en œuvre les changements nécessaires, l'entreprise va faire appel à des ressources (financières, mais également humaines).

La même logique de valorisation et d'affectation des ressources s'applique tout autant aux ressources humaines qu'aux ressources financières. La gestion des compétences répond à un souci de gestion de type « emploi / ressources ».

L'adéquation des ressources humaines, actuelles et futures, aux compétences requises est un des facteurs clés de succès pour la mise en œuvre des plans d'actions opérationnels.

Ce critère d'adéquation aux besoins requiert très souvent une évolution des compétences, compte tenu des évolutions continues des technologies, des méthodes de travail et de la réglementation.

La structure de la pyramide des âges permet, plus ou moins favorablement, la gestion de ces évolutions.

Exemple d'objectifs de performance pour la gestion des compétences

Pour la gestion des compétences, les problématiques clés qui se posent dans ce domaine et les objectifs de performance et opérationnels peuvent être définis de la façon suivante (voir figure 1.9) :

Figure 1.9
Gestion des compétences
Problématiques et objectifs opérationnels

Comment développer et maintenir les compétences ?	Les objectifs de performance opérationnels correspondants
• Comment entretenir le capital de compétences nécessaires à la maîtrise du cœur du métier ? • Comment mobiliser les différents acteurs pour développer l'employabilité et la reconversion des compétences ? • Comment concevoir et répondre aux exigences du court terme et satisfaire les besoins futurs ? • Comment assurer les changements d'organisation, l'évolution technologique, le renouvellement des produits sans risque de déperdition du capital compétences ? • Quels types de compétences faut-il développer pour les emplois futurs alors que les activités sont encore mal définies ? • Comment favoriser l'éclosion des compétences adaptées aux besoins des organisations transverses, en rendant possible une mobilité inter-métiers et une grande flexibilité ?	• Optimiser la gestion opérationnelle des ressources humaines (flux, charge). • Anticiper les filières métiers. • Anticiper l'évolution qui en résulte pour les compétences. • Adapter les compétences existantes, • Hiérarchiser les métiers (noyaux – tâches à forte valeur ajoutée, fonctions pouvant être sous-traitées). • Maintenir un équilibre savoir-faire et « savoir faire faire » • Maintenir les bonnes compétences /polyvalences • Assurer la cohérence entre stratégie d'entreprise et gestion prévisionnelle des compétences. • Capitaliser les coûts d'adaptation.

Après avoir identifié les objectifs de performance opérationnelle, il est nécessaire d'identifier les leviers d'action adaptés à chaque objectif.

Par exemple, l'optimisation de la gestion opérationnelle des ressources humaines (flux et charge) peut être obtenue au travers de leviers tels que :

- la normalisation des filières métiers /compétences,

- l'intégration en amont des prévisions d'activité et des volumes de compétence,

- la gestion très amont de la formation,

- le traitement amont de la mobilité (recrutements, contrats).

Enfin, il faut définir les modalités d'exploitation de ces leviers (type d'animation, indicateurs associés…).

L'adéquation des profils aux postes est un des leviers d'action pour l'atteinte des objectifs, mais d'autres facteurs humains touchant à la motivation, au système de reconnaissance et de rémunération, sont essentiels. Voilà pourquoi, dans la mise en œuvre de grand projet de transformation, le système de pilotage doit prendre en compte tous les facteurs humains.

A titre d'exemple, une grande banque d'investissement américaine a engagé il y a quelques années un chantier de réduction des coûts et d'amélioration de la performance. Ce chantier a permis de dégager des économies substantielles, moins 15 % sur les frais généraux.

Il faut souligner que le directeur du projet était « rattaché » à la direction générale et que la structure de projet avait mis en place une politique de communication permettant d'apporter de la visibilité et de la reconnaissance : site Internet, lettre d'information, sur lesquels les meilleurs résultats étaient présentés. Cela était de nature à créer une émulation interne.

Par ailleurs, les résultats obtenus sur ce chantier engageaient le bonus de fin d'année, dont on sait qu'il représente une part importante de la rémunération du banquier américain.

En résumé

Les points les plus délicats de la mise en œuvre de la stratégie portent sur :

- l'allocation des ressources, rares et limitées, qui doivent être rémunérées en fonction du risque et en cohérence avec les choix stratégiques de domaines ;

- l'identification des leviers opérationnels, limités en nombre et ayant un impact essentiel sur la performance ;

- la prise en compte du développement à long terme au travers de la valeur créée pour le client ;

- l'intégration du contexte externe au travers d'un dispositif de veille ;

- la mise sous tension des processus opérationnels et/ou de support pour atteindre le meilleur niveau de performance ;

- l'exploitation et le développement des compétences de « cœur de métier ».

Chapitre 2

Prendre en compte les spécificités métiers et les modèles culturels de l'entreprise

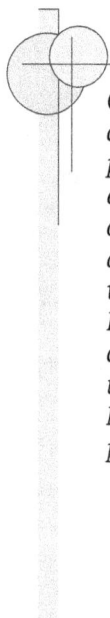

Quels peuvent être les impacts ou les influences des spécificités métiers et des cultures d'entreprise sur le système de pilotage ? La stratégie va être mise en œuvre dans une entreprise qui a sa propre culture. Celle-ci se traduit par une organisation du travail, des processus de communication et de décision, des processus d'évaluation et de sanction, des valeurs communes.

La prise en compte de cette dimension culturelle assure la cohérence entre le système de pilotage d'entreprise et les systèmes de référence individuels.

Nous identifions quatre modèles culturels distincts, face à la problématique de pilotage :

- *le modèle centralisé hiérarchique,*
- *le modèle décentralisé,*
- *le modèle technicien,*
- *le modèle « prestataire de services ».*

1. Le modèle centralisé hiérarchique

Ce modèle correspond à une logique de gestion centralisée par les moyens, sans objectifs décentralisés de résultat ni grande délégation de moyens.

Ce premier modèle est fréquemment en vigueur dans des établissements publics. Il se caractérise notamment par :

- L'étendue de la gestion des délégations en matière d'engagements de dépenses et d'investissements, pour des montants en général faibles.

- L'importance du suivi des budgets de moyens, consommés ou engagés.

- La très grande centralisation du pilotage des résultats : seul un « Comex »[5], impliquant un petit

---

5. Comité exécutif ou comité de direction.

nombre de cadres supérieurs, a une visibilité sur les performances d'ensemble.

- Le caractère assez « restreint » de l'animation de gestion entre niveaux, qui est souvent réduite à un point sur la consommation de ressources.

- La grande centralisation dans les décisions d'investissement et de consommation de ressources. Les montants des délégations sont, en général, assez bas. Les décisions d'investissement se prennent, sauf pour des montants très faibles, à des niveaux hiérarchiques élevés. D'une manière générale, toutes les décisions impactant des consommations de ressources significatives sont prises de manière hiérarchique. Très fréquemment, les décisions d'embauche sont centralisées et, lorsqu'elles sont décentralisées, elles sont étroitement encadrées.

Figure 2.1
Tableau synoptique du modèle culturel « centralisé hiérarchique »

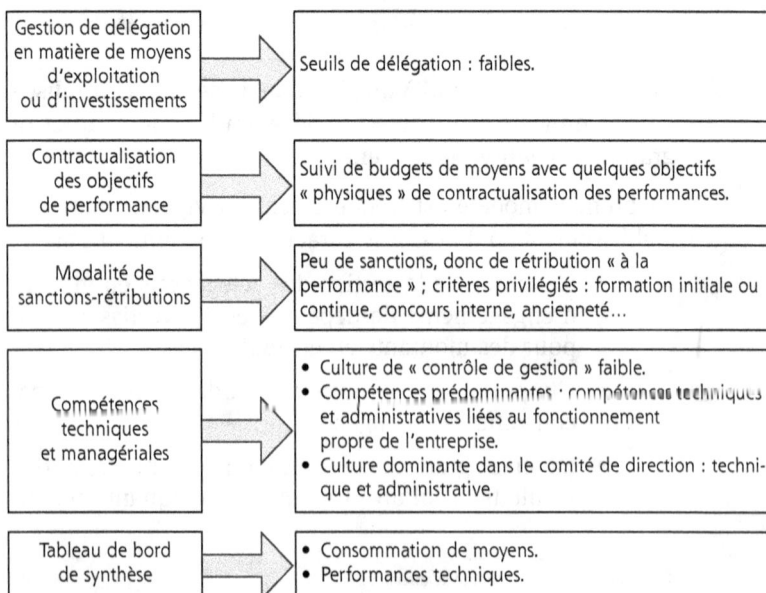

Gestion de délégation en matière de moyens d'exploitation ou d'investissements	Seuils de délégation : faibles.
Contractualisation des objectifs de performance	Suivi de budgets de moyens avec quelques objectifs « physiques » de contractualisation des performances.
Modalité de sanctions-rétributions	Peu de sanctions, donc de rétribution « à la performance » ; critères privilégiés : formation initiale ou continue, concours interne, ancienneté...
Compétences techniques et managériales	• Culture de « contrôle de gestion » faible. • Compétences prédominantes : compétences techniques et administratives liées au fonctionnement propre de l'entreprise. • Culture dominante dans le comité de direction : technique et administrative.
Tableau de bord de synthèse	• Consommation de moyens. • Performances techniques.

Exemple de modèle centralisé hiérarchique

Établissement public industriel

a) **Gestion de délégations**

- Faible :
  - Tous les investissements > à 10 K euros soumis à autorisation du directeur industriel et du directeur financier.
  - Décision d'engagement de ressources d'exploitation très centralisée. Embauches de personnel soumises à l'approbation individuelle de la direction des ressources humaines.
  - Investissements non immobilisés (par exemple : marketing, publicité…) suivent le même processus que les investissements immobilisés. Autorisation nécessaire dès qu'un seuil de 10 K euros est atteint.

b) **Contractualisation établissement-branches**

- Objectifs de moyens budgétaires et prix de revient
- Objectifs de volume
- Objectifs de qualité
- Objectifs de prix
- Pas d'objectifs de résultats économiques de synthèse, au niveau branche. Résultats suivis de manière centralisée même si les objectifs de coût et de volume, au niveau branche, conditionnent fortement les résultats économiques d'ensemble.

c) **Modalité de sanction-rétribution**

- Grilles de postes définies de manière centralisée, sur la base de paramètres d'ancienneté, de formation, de niveau hiérarchique, et, dans une faible mesure, d'évaluation.

- Peu de prise en compte de critères de performance économique (exemple : indicateurs de gestion).
- Prise en compte forte de critères de « sécurité » et de climat social. Beaucoup plus que de critères de performance économique.

d) Conséquences sur les compétences techniques ou managériales

- Culture de gestion :

  Assez faible, limitée au pilotage des prix de revient. Peu de culture de résultat économique. Problématique de gestion très centrée sur les effets de volume, la couverture des frais fixes, la productivité main-d'œuvre et machine.

- Culture dominante dans le comité de direction :

  Dominante de culture technique avec une composante sociale (compte tenu des enjeux) et une composante « grands corps de l'État » pour les relations avec l'autorité de tutelle.

e) Tableaux de bord de synthèse

- Pilotage et communication interne :

  Accent mis sur l'utilisation effective des moyens existants. Peu d'indicateurs « stratégiques » pouvant déboucher sur une réallocation des ressources.

f) Indicateurs clés

- Volet financier :
  - Coût-prix de revient unitaires
  - Coût des structures.
- Volet industriel :
  - Taux de charge passé et prévisionnel des usines
  - Volumes de production /point mort
    Rendement matière et main-d'œuvre
  - Taux d'utilisation des capacités
  - Sécurité /accidents du travail

- Volet ressources humaines :
  - Climat social : nombre de jours de grève
  - Accidents du travail-sécurité (cf. *supra*)
  - Évolution des effectifs en ETP[6].
- Volet commercial :
  - Carnet de commandes sur 2 ans exprimé en euro et volume.
  - Commandes valorisées en coûts standard et en prix de vente-marge par commande.

Pas d'information de synthèse sur la structure du portefeuille en termes de marge-chiffre d'affaires par produits-marchés, taux de pénétration… Pas d'information sur les performances de la concurrence. Peu de pilotage stratégique à proprement parler.

Autre exemple de modèle centralisé hiérarchique

Établissement universitaire public

a) Gestion de délégations en matière de moyens

Très peu de délégations. Procédure budgétaire très contraignante et centralisée. Investissements totalement centralisés. Engagement de moyens d'exploitation très réglementés par procédures de crédits affectés et de crédits non affectés. Gestion des reports d'un exercice à l'autre très réglementée selon qu'il s'agit de crédits affectés (par exemple : recherche), de crédits non affectés, de formation…

b) Contractualisation en matière de résultats

Contractualisation essentiellement sur une base de moyens. Peu de notion de pilotage par les résultats, au sens objectifs de perfor-

---

6. « Équivalent temps plein ».

mance. Résultats « économiques » mesurés au seul niveau de l'établissement.

c) Modalités de sanction-rétribution

Très peu de degrés de liberté laissés à l'établissement. Rétribution essentiellement sur la base de l'ancienneté et, dans une faible mesure, sur la base du mérite.

Vrai bonus autour de la satisfaction personnelle, des responsabilités octroyées et, dans une moindre mesure, de la mobilité.

d) Conséquences sur les compétences techniques/managériales

- Culture de gestion quasi nulle. Confusion entre les notions de budget, patrimoine, trésorerie.
- Culture dominante dans le comité de direction. Culture scientifique-technique.

e) Les tableaux de bord de synthèse

- Communication interne : aucun tableau de bord de synthèse. Pas de visibilité budgétaire ou comptable en cours d'exercice. Moins de surprises en fin d'exercice.
- Communication externe vers la tutelle : compte financier de fin d'exercice. Présentation patrimoniale et compte de résultat.
- Structure de l'actionnariat : non applicable.

2. Le modèle décentralisé

Ce modèle correspond à une logique de décentralisation très forte de la gestion des moyens couplée avec des engagements de résultats sur des objectifs de performance très précis, à dominante économique.

Ce modèle est souvent en vigueur dans des structures très décentralisées autour d'un holding central, qui a la charge de la définition et du suivi de la stratégie d'un groupe, de la définition et du respect des engagements par rapport aux partenaires externes, actionnaires notamment.

On retrouve surtout ce modèle dans les groupes privés internationaux comportant une grande décentralisation de moyens, qu'ils soient commerciaux, logistiques ou industriels. Il se caractérise souvent par :

- Une forte délégation en matière de gestion des ressources (exploitation et investissements...) et de gestion des engagements (commerciaux et financiers notamment).

- Des seuils très précis associés aux délégations par nature :
  - seuils par typologie d'investissement
  - seuils en matière d'engagements commerciaux
  - seuils (par exemple au niveau hiérarchique) pour le recrutement du personnel.

- Des indicateurs de résultat extrêmement précis et normés au plan mondial. Il s'agit la plupart du temps d'indicateurs économiques. Il peut aussi s'agir d'indicateurs commerciaux, de marketing, de R&D, de sécurité. Toutefois, ils partagent cette caractéristique de bien être la « résultante » d'une gestion efficace, et non des indicateurs de gestion de moyens.

  A titre indicatif, et de manière non exhaustive, les indicateurs suivants sont souvent retenus :
  - Indicateurs économiques :
    - Création de valeur (ROE, ROA, ROI...)*

- Trésorerie : free cash flow*
- Résultat : EBIT*, EBITDA*, résultat net
- Indicateurs marketing :
  - Progression CA
  - Part de marché
  - Part de marché nouveaux produits
- Indicateurs innovation :
  - Nombre de brevets
  - Délai de mise sur le marché de nouveaux produits…

Figure 2.2
Tableau synoptique du modèle culturel décentralisé, orienté « résultats »

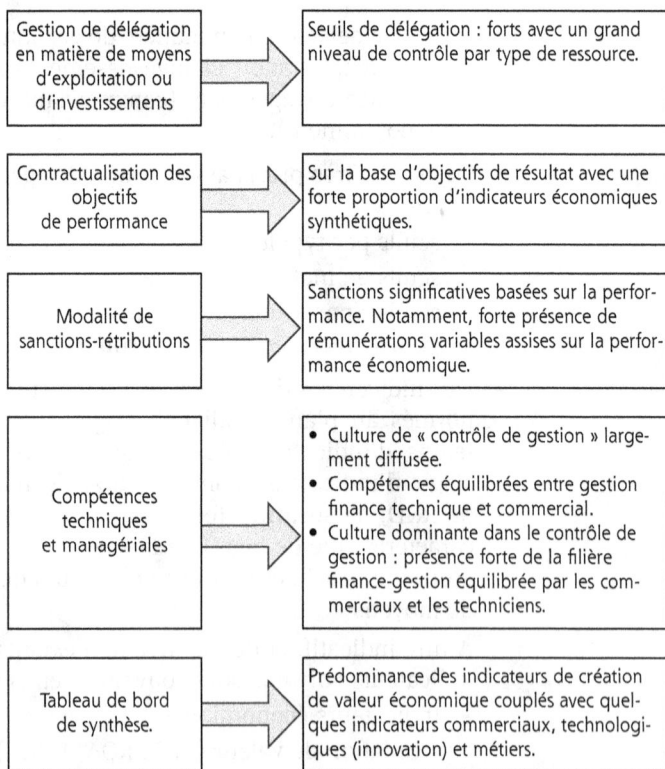

Gestion de délégation en matière de moyens d'exploitation ou d'investissements	Seuils de délégation : forts avec un grand niveau de contrôle par type de ressource.
Contractualisation des objectifs de performance	Sur la base d'objectifs de résultat avec une forte proportion d'indicateurs économiques synthétiques.
Modalité de sanctions-rétributions	Sanctions significatives basées sur la performance. Notamment, forte présence de rémunérations variables assises sur la performance économique.
Compétences techniques et managériales	• Culture de « contrôle de gestion » largement diffusée. • Compétences équilibrées entre gestion finance technique et commercial. • Culture dominante dans le contrôle de gestion : présence forte de la filière finance-gestion équilibrée par les commerciaux et les techniciens.
Tableau de bord de synthèse.	Prédominance des indicateurs de création de valeur économique couplés avec quelques indicateurs commerciaux, technologiques (innovation) et métiers.

2.1 Le modèle décentralisé orienté « résultats »

Exemple de modèle décentralisé orienté « résultats »

B., grand groupe européen de la chimie

Grand groupe européen de la chimie, B. est géré du point de vue opérationnel par zones géographiques (Europe du Nord et du Sud, Asie du Nord-Est et du Sud-Est, Amérique du Nord, Amérique du Sud...), l'axe prédominant pour le reporting et la gestion étant la zone géographique.

Le groupe analyse ses métiers, réfléchit sur ces stratégies, définit ses priorités selon un axe « métiers » fondamentalement lié à la typologie de ses clients (grande industrie, clients industriels, secteur électronique et de la santé).

Figure 2.3 : Répartition du chiffre d'affaires

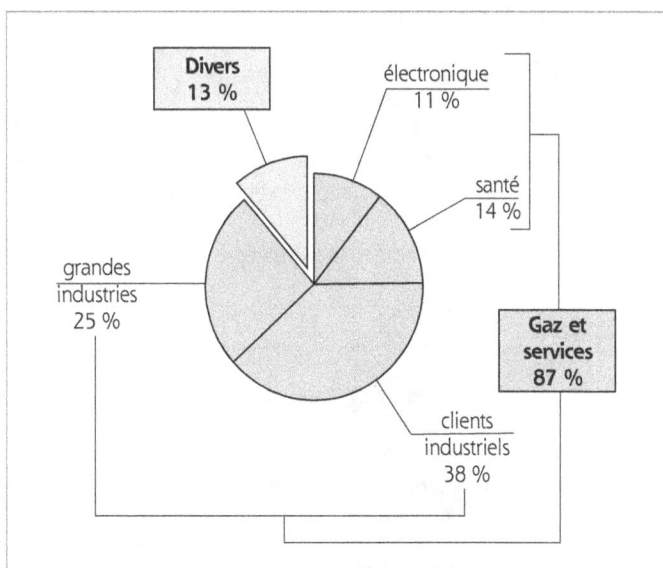

Divers 13 %

électronique 11 %

santé 14 %

grandes industries 25 %

Gaz et services 87 %

clients industriels 38 %

LA PERFORMANCE GLOBALE DE L'ENTREPRISE

a) Gestion de la décision en matière d'investissements

• Investissements dits « spéciaux » :

Il s'agit d'investissements dédiés à un client par contrat. Ces actifs sont difficilement déménageables. Tous les investissements font l'objet d'une analyse de rentabilité, d'une étude de risques, d'une analyse d'opportunité technique.

A concurrence de 2 millions d'euros, les responsables de zones géographiques peuvent décider la mise en œuvre de ces investissements avec, toutefois, un reporting des dites décisions au contrôle de gestion du groupe et dans la limite globale d'investissements, arrêtée avec la direction générale.

Pour un investissement supérieur à 2 millions d'euros, il est alors procédé à une revue préalable par les équipes industrielles, financières, risques, légales, etc., dans le cadre d'un processus piloté par le contrôle de gestion du groupe et sous la responsabilité des responsables de zones et des responsables « métiers ». Après cette première étape, le comité d'investissement du groupe peut valider l'investissement qui, auparavant, est soumis pour approbation aux organes de gestion des entités.

Les critères de décision sont les suivants :

1. Cohérence des logiques, industrielle, commerciale ou financière avec la stratégie de la branche mais aussi avec celle du pays (par exemple : un investissement électronique en France doit être à la fois cohérent avec la stratégie de la France et la stratégie électronique mondiale…).

2. Validation de l'analyse des risques (technique /technologique, client, pays, etc.).

3. Études de la rentabilité de l'investissement.

La stratégie est exprimée par des axes de développement présentés selon les horizons de temps suivants :

• Plans d'action à court terme, choix des plans d'action de l'année qui vient.

© Éditions d'Organisation

- Plan stratégique à 3 ans (segments stratégiques marketing, plans en termes de ressources...) : développé aux niveaux groupe, branches, zones géographiques.

- Positions à long terme à 5-10 ans. Maîtrisées au niveau des comités de directions. Portent sur le choix des technologies et sur les acquisitions.

Les technologies et acquisitions rentrent dans la catégorie des investissements spéciaux.

- *Investissements dits « normaux »*
  (50 % de l'enveloppe totale) :

Il s'agit d'actifs réallouables qui restent nécessaires pour la construction du budget.

Le processus de décision est le suivant : allocation de tranches par rapport à une cible négociée annuellement par filiale (à l'intérieur du pays : selon les pays, il peut y avoir une ou plusieurs filiales par branches...).

- *Gestion des décisions pour les autres ressources*

  - Ressources humaines : globalement sous la responsabilité des pays. Environ 200-300 personnes (cadres supérieurs internationaux) sont cogérées entre les pays et la fonction support ressources humaines. Les autres effectifs sont gérés par les filiales et font l'objet d'un reporting vers le groupe.

    Le groupe peut être amené à donner de grandes directives générales. Les règles peuvent être ajustées en fonction de la conjoncture. Les ressources humaines sont donc, dans l'ensemble, gérées en filiale, sauf les 200-300 personnes (cadres supérieurs) gérées en étroites relations avec la direction du groupe.

  - Ressources financières : elles sont assez fortement centralisées autour de procédures classiques (cash pooling[7] européen, cash pooling nord-américain...).

    Le financement est totalement piloté par le siège.

---

7. Cash pooling : centralisation de la gestion des flux de trésorerie.

- Investissements informatiques : au plan informatique, les projets < à 500 000 euros sont gérés par les filiales. Entre 0,5 et 2 milliards d'euros, validation par zones des choix informatiques. Au-dessus de 2 milliards d'euros, suivi des procédures d'investissements spéciaux.

L'orientation générale vise à développer des outils communs.

b) Contractualisation

L'unité de base est la filiale ou entité de gestion (à l'intérieur d'une zone géographique...). Une filiale peut recouvrir plusieurs métiers. Dans ce cas, le suivi des réalisations est fourni par métier, mais le niveau contractuel est la filiale.

Le niveau zone constitue également une maille de reporting, mais uniquement en tant que regroupement des filiales qui le composent.

L'engagement de résultats est annuel sous la forme d'une cible d'objectifs économiques :

- CA niveau et croissance

- EBIT* (résultat d'exploitation)

- Capitaux employés

- ROCE[8] (résultat net + frais financiers net d'impôts)/ capitaux propres* (hors impôts différés, hors provision) + endettement net (ouverture + clôture)/2 (DLT, LT – 1 ans, DCT, Cash).

Le ROCE* est, tant au niveau du groupe qu'au niveau des unités opérationnelles, le ratio de rentabilité principal. Il a le mérite de tenir compte des résultats dégagés, mais aussi des capitaux mis en œuvre, incitant ainsi les unités opérationnelles à une gestion étroite des ressources financières disponibles.

Les cycles de reporting sont : mensuel, trimestriel, semestriel et annuel.

---

8. Cf. définition générique du glossaire. Le calcul de B. diffère légèrement de la définition générique.

Mensuellement, les entités reportent les points suivants :

- Compte de résultat
- Endettement net*
- Décision investissements
- Effectifs.

Trimestriellement : *idem* mensuel + bilan + tableau de financement.

Le contrôle de gestion du groupe suit mensuellement l'évolution de l'EBIT*, des résultats nets et de l'endettement de l'ensemble des entités, et fournit aussi une analyse des évolutions des métiers.

c) Modalités de sanction-rétribution

Globalement, la rémunération variable s'applique au sein de ce groupe. Le bonus est structuré autour d'un indicateur commun à chaque entité (par exemple : le résultat net ou une croissance de CA ou un niveau de ROCE*), puis d'un ou plusieurs indicateurs financiers individualisés. A cela s'ajoute, pour les comités de direction des principales filiales, un facteur « Groupe » global.

d) Les conséquences sur les compétences techniques

De culture dominante technique, le recrutement est surtout axé sur les ingénieurs. Toutefois, la priorité est donnée à la multi-expérience permettant le développement de compétences variées (technique, mais aussi commerciale, financière).

La qualité et la rigueur de gestion font partie des socles fondateurs de l'entreprise avec l'innovation et l'initiative individuelle. Un directeur de filiale saura mettre en œuvre de nouvelles applications en clientèle, investir sur des contrats à 10 ou 15 ans, tout en comprenant et contrôlant ses grands équilibres financiers.

e) Tableau de bord de synthèse

1) Interne-mensuel : (à J + 9)

CA, marge brute (marge sur coûts des ventes avant frais généraux), EBIT*, résultat net, endettement net*, principaux

volumes de produits vendus, effectifs, décisions d'investissement, pour les 4 derniers trimestres calendaires, les trois
derniers mois, la cible, l'année N – 1.

2) *Par trimestre (J + 15), semestre, exercice,*
   estimation annuelle

- 5 états financiers : compte de résultat, y compris effectifs
  et frais de personnel, BFR*, emplois-ressources, bilan,
  décision d'investissements.

- Au-delà des états financiers :

  - suivi sur les projets d'investissements (coûts, délais,
    rentabilité)

  - suivi sur les ressources humaines (stock, qualité, inter-
    nationalisation, compétences, masse salariale, forma-
    tion, nombre de femmes…)

  - suivi du positionnement géostratégique de la filiale
    (part de marché, positionnement par rapport à la con-
    currence…)

  - suivi d'indicateurs concrets de plans d'action propres à
    chaque filiale (par exemple : indicateurs de part de
    marché/produit…).

f) Structure de l'actionnariat et impact sur la politique de gestion

50 % individuels avec volatilité faible ;

50 % institutionnels (français et étrangers).

Le groupe a une volonté de progression régulière mais non sans
« à-coups ». Il maintient, en permanence, une vision à long terme
et une politique d'anticipation et de gestion qui influence la stratégie d'investissements tant géographique que par marché.

Cette vision à long terme, cette progression régulière, ces investissements de qualité à long terme, ont maintenu un actionnariat
individuel fort.

2.2 Le modèle décentralisé « technicien »

Le modèle décentralisé peut comporter aussi une variante « technicien ». Cette situation se rencontre fréquemment dans les grands groupes high-tech internationaux d'au moins 10 milliards d'euros.

Ces groupes adoptent une organisation décentralisée essentiellement pour deux raisons :

- des raisons culturelles, compte tenu du pourcentage d'activité réalisé à l'extérieur de la France et du nombre de filiales non françaises ;

- des raisons concrètes, compte tenu de la diversité des métiers et des activités allant de pair avec la taille et le caractère international du groupe.

Exemple de modèle décentralisé « technicien »

Entreprise du secteur Aéronautique-Défense

Aujourd'hui, chez A., il y a trois grands pôles dont le pôle Défense.

En 2002, 60 % de l'activité est réalisée à l'étranger. La direction générale actuelle de A. a adopté un modèle décentralisé et non standardisé.

a) Gestion des délégations

Dans la fonction finance, sont centralisées les fonctions qui remplissent des missions de contrôle et de consolidation des comptes. Il en va de même pour la fonction trésorerie, compte tenu des synergies possibles entre entités du groupe et des meilleures conditions financières obtenues au travers d'une consolidation de l'ensemble des positions (cette centralisation de la trésorerie a été mise en place dès 1985).

Chez A., le premier niveau de management décentralisé est la SBU (Strategic Business Unit)* qui correspond en général à une ligne de produits gérée en centre de profits. Il n'y a pas d'organisation standardisée de la fonction finance, mais, en règle générale, dans une SBU*, la fonction finance recouvre le périmètre suivant :

- la comptabilité générale et la gestion des flux de trésorerie,

- le contrôle de gestion,

- la maîtrise d'ouvrage du système d'information de gestion (cette dernière fonction n'étant pas toujours rattachée à la direction financière de la SBU*).

L'activité prix de revient est fréquemment rattachée à la direction financière (son rattachement à une fonction commerciale, par exemple, pouvant créer des conflits d'intérêt entre la production et le commercial, tenté de fixer des prix de revient à un seuil trop bas, sans cesse dépassé par les producteurs).

Figure 2.4
Structure d'un prix de vente

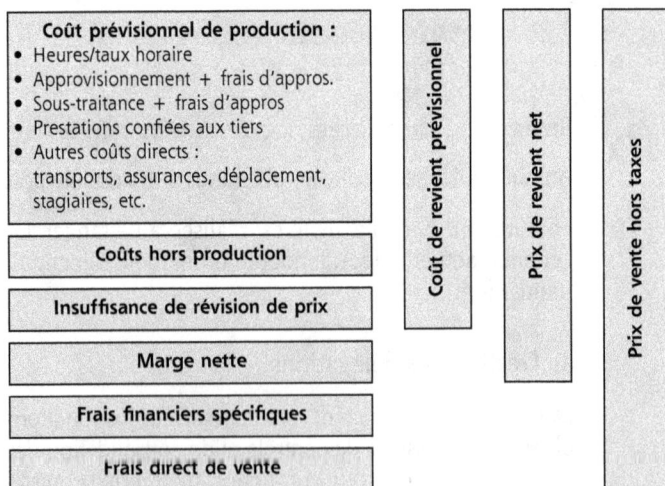

La problématique du contrôle de gestion chez A., n'est pas la même dans chacun des pôles. C'est également pour cette raison qu'il n'y a pas d'organisation standardisée de la fonction.

Le budget est l'instrument de la délégation. Il est compris comme un contrat entre un responsable de niveau N, par exemple un responsable de SBU*, et un responsable de niveau N + 1.

Cette construction budgétaire doit s'inscrire dans un ensemble maîtrisé par le responsable N + 1 qui doit s'assurer de la cohérence des moyens par rapport aux hypothèses des autres intervenants.

Cette construction chez A. s'organise en 3 grandes phases :

- Phase 1 : la fixation des objectifs
- Phase 2 : l'élaboration par chaque responsable de son budget
- Phase 3 : la synthèse des budgets.

L'ensemble de ces 3 phases s'inscrit dans le cadre d'un exercice interactif.

Figure 2.5
Les 3 phases de la construction budgétaire

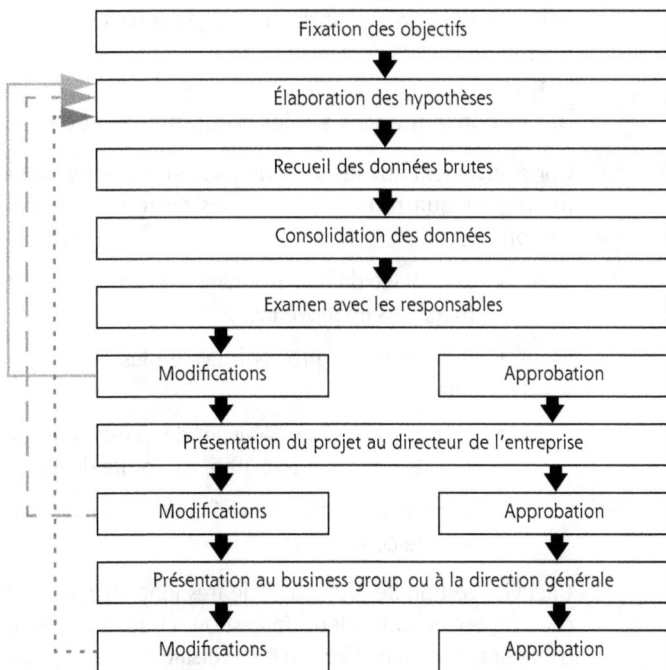

Le budget est décliné en :

- compte d'exploitation
- bilan
- flux de trésorerie
- investissements.

A l'intérieur de ce budget, la délégation du responsable N + 1 au responsable N est totale. Dès qu'une dépense, un investissement par exemple, n'est pas prévue au budget, une procédure spéciale doit être observée pour l'engager. Cela s'applique en particulier aux acquisitions externes.

Délégation interne à une SBU* (150 à 300 millions d'euros de CA par exemple) :

En matière d'autorisation de signature de contrat client, le président de la SBU* (N + 1) va déléguer au niveau N la signature de contrat pouvant aller jusqu'à 10 millions d'euros.

En matière d'engagement d'achat, pour la même SBU, la délégation du président de la SBU* sera de 15 millions d'euros pour les managers de niveau N.

b) Les conséquences sur les compétences techniques

Corrélativement aux activités de chacun des pôles, nous pouvons distinguer quatre problématiques en termes de contrôle de gestion :

- le pilotage de la performance de projets à cycle très long (6 à 7 ans en moyenne) ;
- le pilotage de projets à cycle plus court (1 à 3 ans en moyenne) ;
- le pilotage d'une activité de prestations de services à cycle très court (< à 1 an, de l'ordre de 3 à 6 mois) ;
- le pilotage d'une activité industrielle de petites séries à cycle court.

L'activité gestion de projet à cycle très long est révélatrice du rôle de « vigie » du contrôleur de gestion, et de la nécessité pour lui d'établir une communication transversale avec les opérationnels.

Dans le pôle Défense, quelques centaines de contrats en cours représentent un chiffre d'affaires de l'ordre de 1 milliard d'euros, et un petit nombre de contrats (moins de 10) représentent une part significative du CA des contrats (jusqu'à 90 %).

Dans ce contexte, le contrôleur de gestion va s'attacher à bien mesurer l'avancement technique du projet avec le responsable de l'affaire.

Chez A., une méthode de conduite de projet et d'affaire sert de socle commun à l'ensemble des processus de pilotage, tant opérationnel qu'économique.

Figure 2.6
Méthodologie chez A. de conduite des projets et affaires

Quoi ?
Toutes activités productives destinées à fournir les prestations demandées avec la qualité requise. La WBS[a] et le choix des spécifications constituent des éléments de réponse.

Qui ?
Les responsabilités définies en fonction des compétences et des disponibilités dans l'organigramme fonctionnel de l'affaire (OBS[b]).

Combien ?
Coût associé aux activités dans le cadre d'une enveloppe budgétaire connue, détaillée et suivie.

Quand ?
Quel respect des délais, quelle logique de réalisation entre les activités ? Planifier, jalonner, anticiper les points critiques.

Comment ?
En structurant l'information autour d'un WBS, d'un planning et d'un réseau d'ordre codifié.

Pourquoi ?
Pour **prévoir, mesurer, décider, agir** **Analyser** les performances **Connaître** les coûts de revient **Gérer** les ressources **Gérer** les encours **Responsabiliser** les acteurs **Informer** le client.

a. *Work Breakdown Structure : décomposition du processus de travail en activités productives.*
b. *Organizational Breakdown Structure.*

Le projet est décliné en lots, ceux-ci étant eux-mêmes déclinés jusqu'aux composants achetés. Pour les plus grosses affaires, la déclinaison peut aboutir jusqu'à 1000 lots.

Le projet est également découpé en jalons techniques pour les projets pluri-annuels (certains vont durer 10 ans). Ce jalonnement technique est validé par les commissaires aux comptes. Il est procédé à la « reconnaissance du CA » au fur et à mesure du franchissement des jalonnements techniques. Cette opération va nécessiter tout un formalisme garantissant l'atteinte du jalon technique, validée par des personnes extérieures au projet (client, qualité).

Sur chacun des lots, viennent s'imputer des coûts de main-d'œuvre et des coûts d'achat.

Dans ce contexte, la problématique économique va porter sur la tenue des délais et des coûts par rapport au budget prévisionnel, tout au long du projet ; la tenue des coûts se décompose en problématique de productivité (temps passé) et d'achats.

Dans ces conditions, le contrôleur de gestion doit mettre en place des relations permanentes avec le responsable d'affaires. Au-delà de ses compétences techniques, ses qualités relationnelles et ses capacités à travailler en commun avec les opérationnels, afin de poser avec eux les problèmes et trouver les solutions, qui seront déterminantes.

Les performances du contrôleur de gestion pourront être jugées sur la base de la fiabilité de ses prévisions.

Cette fiabilité des prévisions conditionne toute la tenue des performances de la SBU[9]. En effet, la marge étant lissée sur la durée de l'affaire, une réévaluation de la marge à terminaison entraîne des réajustements sur l'exercice en cours, calculés sur l'écart de marge cumulé sur l'ensemble des années déjà écoulées. Si cette évaluation est trop tardive, l'impact peut être désastreux.

Chez A., la culture de gestion s'est développée au fil des années pour devenir une des composantes majeures de la culture du groupe. Le pilotage de la performance est une préoccupation partagée par les opérationnels et les collaborateurs de la finance.

---

9. Strategic Business Unit, cf. glossaire.

Le responsable du contrôle de gestion fait partie du comité de direction de la SBU.

c) Tableau de bord de synthèse

En corollaire à la décentralisation, des procédures de contrôle / reporting sont en place chez A. Un système de reporting, quant à lui standardisé et identique dans tout le groupe, a été développé sous le progiciel CARAT de Cartesis ; il permet une remontée d'informations standardisées mensuellement. Ce reporting s'accompagne de commentaires.

Le calendrier de reporting mensuel est le suivant :

- J + 2 : prise de commandes et chiffre d'affaires
- J + 5 : trésorerie
- J + 15 : liasse comptable avec Interco (bilan, compte de résultat)

Tous les mois, une actualisation des résultats des 3 mois à venir est effectuée. En mai et en octobre, une prévision d'atterrissage de fin d'année est réalisée, plus fréquemment si nécessaire.

En revanche, il n'y a pas encore de tableau de bord de pilotage contenant des indicateurs non financiers, hormis les effectifs. Cela s'explique par la diversité des métiers et l'absence de système d'information standardisé.

d) Contractualisation

Il y a une forte contractualisation des résultats et la tenue des objectifs, tant quantitatifs que qualitatifs, est le moteur de la reconnaissance.

Cette reconnaissance se traduit tout d'abord dans la politique de rémunération. Un système de part variable concernant tous les cadres (soit 60 % des salariés) a été mis en place. La part variable représente au minimum 10 % du salaire de base et peut aller jusqu'à 40 % pour les cadres dirigeants. Le pourcentage de la part variable résulte de la combinaison des résultats obtenus dans trois catégories qui peuvent être, par exemple :

- Une catégorie d'objectifs liés à l'entreprise, qui pèsent pour 30 %.
- Une catégorie d'objectifs qui concernent l'équipe et qui pèsent pour 20 %.
- Une catégorie d'objectifs individuels qui pèsent pour 50 %. Dans cette catégorie figurent des objectifs qualitatifs, relatifs aux capacités managériales, par exemple.

Quatre types d'objectifs quantitatifs sont retenus. Par exemple :

- la prise de commande
- le CA
- le résultat d'exploitation*
- le BFR*

La tenue des objectifs est un des moteurs de la politique de promotion. Des entretiens sont conduits tous les ans. Cette procédure existe depuis 15 ans. Les collaborateurs sont notés sur une échelle de 1 à 4.

3. Le modèle « technicien »

Ce modèle, à la différence du précédent, correspond à une logique de décentralisation très « contrôlée » de moyens à l'intérieur de normes et processus techniques très précis et standardisés.

Le pilotage stratégique de haut niveau (pilotage économique, gestion produits-marchés, investissements à partir d'un seuil de niveau souvent assez faible) reste centralisé. Les unités disposent d'un degré de liberté en matière de gestion de frais de fonctionnement courants, en matière commerciale (dans le cadre de politiques tarifaires nationales), en matière de recrutement (dans le cadre de classifications et de nomenclatures nationales de postes).

La culture de l'entreprise, très technique, se reflète dans la composition du comité de direction et le choix des indicateurs du tableau de bord de synthèse. Le comité de direction comporte une dominante technique et métiers, le marketing et le financier étant, proportionnellement, peu représentés.

La contractualisation et les indicateurs de reporting associés recouvrent un nombre important d'objectifs techniques et « métiers » (par exemple : fiabilité de l'outil, qualité, sécurité). Les indicateurs financiers sont, néanmoins, présents sous la forme d'indicateurs de moyen, et de suivi budgétaire, couplés avec quelques indicateurs de performance économique très tournés « métiers » (par exemple : productivité, prix de revient unitaire...).

Si quelques indicateurs de résultat économique sont mentionnés, ils ne constituent pas, pour autant, le cœur du modèle (figure 2.7 page suivante).

Figure 2.7
Tableau synoptique du modèle culturel technicien

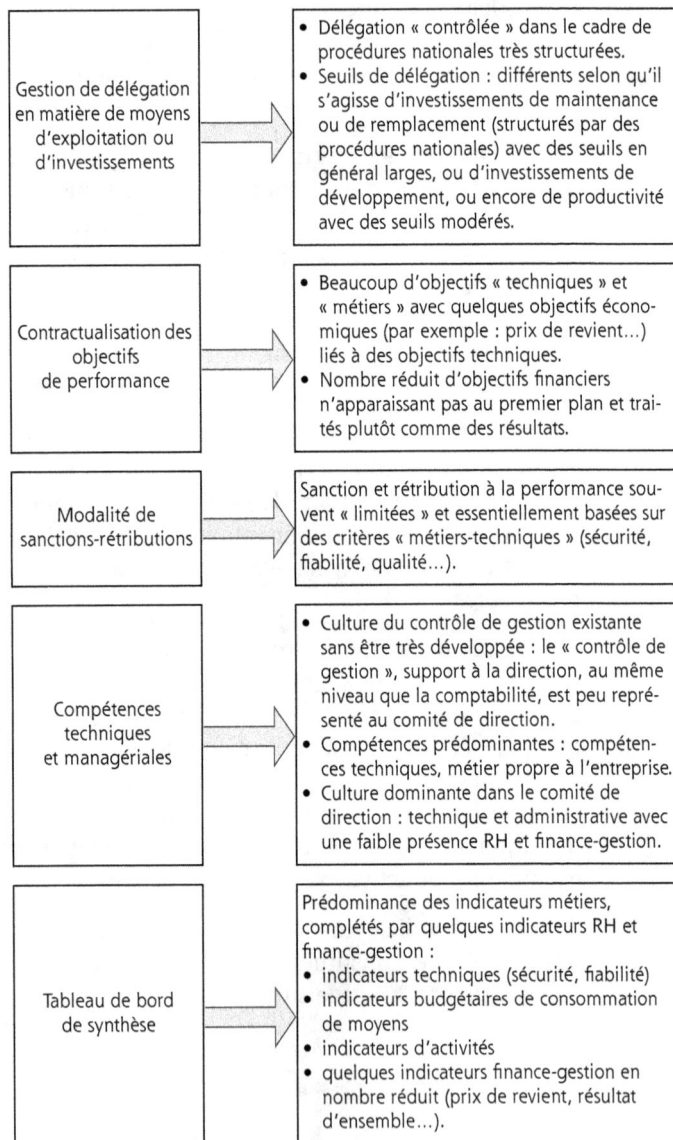

Gestion de délégation en matière de moyens d'exploitation ou d'investissements	• Délégation « contrôlée » dans le cadre de procédures nationales très structurées. • Seuils de délégation : différents selon qu'il s'agisse d'investissements de maintenance ou de remplacement (structurés par des procédures nationales) avec des seuils en général larges, ou d'investissements de développement, ou encore de productivité avec des seuils modérés.
Contractualisation des objectifs de performance	• Beaucoup d'objectifs « techniques » et « métiers » avec quelques objectifs économiques (par exemple : prix de revient...) liés à des objectifs techniques. • Nombre réduit d'objectifs financiers n'apparaissant pas au premier plan et traités plutôt comme des résultats.
Modalité de sanctions-rétributions	Sanction et rétribution à la performance souvent « limitées » et essentiellement basées sur des critères « métiers-techniques » (sécurité, fiabilité, qualité...).
Compétences techniques et managériales	• Culture du contrôle de gestion existante sans être très développée : le « contrôle de gestion », support à la direction, au même niveau que la comptabilité, est peu représenté au comité de direction. • Compétences prédominantes : compétences techniques, métier propre à l'entreprise. • Culture dominante dans le comité de direction : technique et administrative avec une faible présence RH et finance-gestion.
Tableau de bord de synthèse	Prédominance des indicateurs métiers, complétés par quelques indicateurs RH et finance-gestion : • indicateurs techniques (sécurité, fiabilité) • indicateurs budgétaires de consommation de moyens • indicateurs d'activités • quelques indicateurs finance-gestion en nombre réduit (prix de revient, résultat d'ensemble...).

Exemple de modèle technicien

Entreprise de services industriels

Nous donnons, ci-après, l'exemple d'une entreprise de services industriels dont le système de pilotage est en évolution :

- Développement de système de contractualisation et de reporting différents selon qu'il s'agisse du périmètre « service public » ou du périmètre « développement externe » très orienté « création de valeur économique » et débouchant donc sur des indicateurs de reporting de type « holding ».

- Mise en place de « tableaux de bord » articulés à tous niveaux et mettant en cohérence objectifs « financiers », objectifs stratégiques « groupe », objectifs d'excellence métiers replacés dans une perspective de développement durable. Il s'agit d'une démarche typique « balanced scorecard ».

a) Gestion des délégations

Antérieurement, très faible.

Remontée systématique des projets d'investissement à la direction de l'entreprise.

A l'intérieur de l'entreprise, arbitrage des ressources d'exploitation et investissement entre production, logistique et distribution. L'arbitrage sur les ressources d'exploitation est couplé avec les choix en matière de niveau tarifaire.

Les BU[10] sont des entités orientées client ainsi que des branches géographiques pour les autres pays. Les entités de pilotage sont les divisions à l'intérieur des branches (le nombre de divisions n'est pas figé).

---

10. Business unit, qui correspondent à des entités dotées d'une autonomie en termes de réflexion stratégique et de choix dans l'allocation de ressources en résultant. Les BU sont de plus en plus considérées comme des centres de profit dans ce groupe.

Le niveau de délégation est en cours de discussion, mais va probablement s'articuler autour des branches qui vont être responsables du compte de résultat et du compte de bilan, et qui disposeraient de pouvoirs étendus au niveau de l'exploitation. Les investissements remonteront nécessairement à la tête du groupe.

Le mode de gouvernement est un mode de subsidiarité descendante ; la tête de groupe dit ce qu'elle va faire dans les domaines qu'elle se réserve (par exemple, la gestion des cadres supérieurs est une décision de tête de groupe...). Le choix de l'organisation de la filiale « contrôle de gestion » est révélateur : cette dernière est rattachée à la tête de groupe.

b) La contractualisation

Dans l'organisation future, la contractualisation prend forme au niveau de l'articulation tête de groupe-branches. Elle est assise essentiellement sur des résultats économiques (EBIT*, résultat brut, ROCE*, ROI*..., et sur quelques indicateurs de « développement » (satisfaction clientèle, environnement...).

La mise en œuvre de la contractualisation entre branches et division est plus longue et pas encore totalement précisée.

Au niveau des rapports divisions-unités, les indicateurs actuels, et susceptibles d'évoluer, pourraient être, par exemple, pour la branche « production » (production et vente à des gros clients) les suivants :

Figure 2.8
Indicateurs de développement actuels – Exemple

A l'intérieur de la branche « production » pour une entité		
Objectifs « financiers »	Objectifs « Groupe »	Objectifs « métiers »
Exemples : Dépenses d'exploitation /Budget Éléments constitutifs au calcul du ROCE* (BFR*, immobilisation...)	En fonction des projets du groupe	Exemples d'indicateurs : • Disponibilité. • Taux de réussite lors du démarrage des installations. • Taux de placement (contrats vendus par les unités commerciales) chez les clients. • Taux de recouvrement (pour les unités de gestion clientèle...).

A chaque niveau, les indicateurs contractuels seraient donc une émanation du tableau de bord groupe.

c) Les modalités de sanctions-rétributions

Une partie de la rémunération variable est liée au respect des indicateurs de coût ou techniques contractualisés. Néanmoins, la non-atteinte des objectifs n'a pas d'impact automatique sur l'évolution de carrière.

En revanche, les personnes sont sanctionnées en cas de faute de comportement. Les chefs d'unités sont déplacés très vite en cas de détérioration du climat social. Si les procédures de sécurité ne sont pas respectées, les sanctions sont immédiates. L'impact d'une non-atteinte des objectifs associés aux indicateurs de gestion sur la carrière des chefs d'unité est plus diffus.

Jusqu'à maintenant, les carrières étaient fortement liées à des comportements et des performances techniques (par exemple, sécurité...), mais pas directement à des indicateurs de performance contraclualisés (finance, développement, etc.). Cette culture est en évolution dans le sens de sanctions plus associées à l'atteinte de résultat.

Figure 2.9
Mobilité – Modalité de gestion des carrières

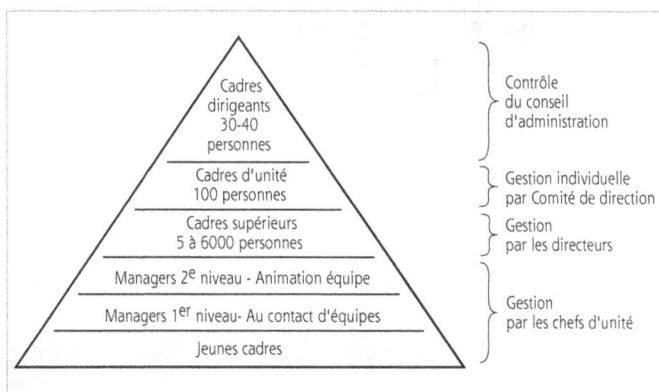

La rémunération relève des paramètres suivants :

- Avancements au choix. Même niveau de classement fonctionnel, mais niveau de rémunération augmenté.
- Reclassement : changement de niveau hiérarchique dans le même poste.
- Changement de poste : effet à la fois sur la rémunération et sur la mobilité.
- Ancienneté (effet sur toute une carrière pour 10 % du salaire).

La mobilité est souvent liée à un changement de poste. Il existe des possibilités de changer de poste sans changer de niveau hiérarchique. La mobilité est à la fois géographique et fonctionnelle.

Récemment encore, la mobilité n'était pas liée à l'obtention de résultats mais à la gestion administrative du personnel assurée par la fonction ressources humaines. Un résultat n'amenait pas, systématiquement, une promotion.

L'effet positif d'une telle politique est le légalisme ; l'effet pervers en est le clonage. Faible adaptation au recrutement de cadres qui restent 5 ans dans le système alors que le système de retraite est adapté à des personnes qui restent plus de quinze ans.

d) Les conséquences sur les compétences techniques

Les hommes sont jugés sur leurs compétences techniques, sur leurs compétences d'encadrement dans un système où les relations sociales sont basées sur des structures sociales et des rites.

Les chefs d'unité sont tout d'abord jugés sur la paix sociale de leur unité. Ils peuvent difficilement licencier.

La culture de gestion, assez faible, commence à pénétrer les esprits. Probablement, une accélération relative à l'évolution du contrôle de gestion du groupe. Cette évolution est d'autant plus difficile que les unités sont gérées comme des centres de coût et sont donc peu exposées à la notion de résultat économique.

Récemment, la vision des performances était asservie à une politique industrielle à long terme. La productivité de l'entreprise était assurée par des grands choix stratégiques et technologiques. Avec peu d'impact au niveau de la gestion courante.

Dans le contexte actuel, celui d'un marché stabilisé, peu de gains d'échelle sont possibles. D'où des gains de productivité escomptés dans la gestion courante, sans que les leviers d'action ou degrés de liberté, pour les utiliser, ne soient totalement explicités.

e) Les conséquences sur la composition du comité de direction

Il n'y a plus de culture dominante dans le comité de direction actuel mais des cultures différentes. Les principaux profils sont divers (Finance, Technique, Stratégie, Commercial, Ressources Humaines). En plus de sa contribution aux travaux collectifs, chaque membre a un rôle de supervision d'une ou deux branches et d'une ou deux fonctions appuis (par exemple : informatique, recherche et développement...).

La culture n'est pas totalement stabilisée, le changement culturel n'est pas encore totalement digéré. On ne peut parler aujourd'hui de culture dominante.

On note une orientation centrée sur les valeurs historiques en termes d'éthique et de gestion des ressources humaines, ainsi que vers le développement durable.

Le comité de direction passe plus de temps à la gestion des relations extérieures et à la négociation d'affaires qu'au pilotage des résultats de l'entreprise. Il existe une volonté de mettre davantage l'accent dans le futur sur une analyse des résultats dans une perspective stratégique.

f) Tableau de bord de synthèse

L'orientation « création de valeur » a conduit à la rationalisation du nombre d'indicateurs. Il a été procédé à une mise en cohérence des indicateurs techniques et financiers dans une vision création de valeur à long terme – protection savoir-faire, risque, satisfaction client, ROCE*, endettement, ROI*.

Vers l'externe, peu de communication en dehors de la publication annuelle des comptes.

Mais la mise en place d'une culture de communication financière est envisagée.

Le tableau de bord de pilotage, à tous les niveaux, regroupe des indicateurs de résultat financiers, de stratégie groupe et de pilotage métiers.

Le principe de construction des tableaux de bord est celui de l'emboîtement par niveau (DG, branches, divisions, unités...). Entre deux niveaux, les indicateurs de pilotage doivent pouvoir se raccorder.

4. Le modèle « prestataire de services »

Exemple d'une entreprise cotée sur le nouveau marché

Brime Technologies

a) Rappel historique

Brime Technologies a été créée il y a de cela une vingtaine d'années. Un tournant dans l'histoire et l'évolution de Brime Technologies s'est produit en 1998 avec la mise en œuvre d'un LMBO (avec le soutien de Initiative et Finance et de ABN AMRO).

Effectuée en octobre 1999, son introduction en bourse a permis de financer la croissance externe, avec en particulier le rachat de la société Partners (environ 15 millions d'euros de CA à l'époque).

En 2001, Brime Technologies a réalisé un CA de 120 millions d'euros et un résultat net de 9,2 millions d'euros.

Le groupe, qui totalise environ 30 sociétés, a des implantations en France (15), dans le reste de l'Europe (8 implantations) et au Canada (2 implantations).

L'activité de Brime Technologies consiste à mettre à disposition des équipes de R&D en régie, chez les différentes entreprises clientes.

b) Politique de délégation

Le modèle s'oppose au modèle classique, triangulaire et hiérarchique.

Le management du groupe repose sur une forte délégation. Cette délégation est accordée à chaque président de filiale.

En effet, l'originalité du modèle de Brime Technologies repose sur l'homothétie entre la structure de management et la structure juridique ; chaque entité commerciale (réseau d'agences) de taille importante (en moyenne 5 millions d'euros de CA) est constituée en société de type SAS et son président n'est autre que le manager de l'entité.

Il y a une responsabilisation très forte du président qui concentre tous les pouvoirs et toutes les responsabilités (juridique, sociale, commerciale, financière voire pénale).

Chaque président dispose, en matière de dépenses ou pour une embauche, d'une délégation d'un même montant, jusqu'à 80 000 euros.

Au-delà de ce montant, sont centralisées les dépenses et les embauches ainsi que les fonctions suivantes dans le holding :

- Les décisions d'ouverture ou de fermetures de filiales.
- La trésorerie dans le cadre de cash poolings virtuels et des ouvertures de comptes bancaires. Des lignes de trésorerie sont ouvertes à un taux fixé d'avance fondé sur EURIBOR ; les excédents de trésorerie sont placés au même taux.
- Le juridique. Tous les juristes dépendent hiérarchiquement du holding, même s'ils sont détachés dans les filiales. Ils prennent en charge tous les aspects (droit commercial, droit social, droit des sociétés).
- Les assurances.
- La consolidation des comptes (en cours d'internalisation) et du plan comptable du groupe.
- Le contrôle de gestion central.
- L'audit. Un programme d'audit financier et juridique a été mis en place : il consiste à auditer chaque filiale une fois par an.
- Les aspects fiscaux.

Au-dessus du président de filiale, il n'y a que deux niveaux de structure :

- Le niveau « pôle d'activité » : chaque pôle étant animé par un membre du directoire.
- Le niveau « directoire ».

c) Structure du reporting et tableaux de bord

Le système de pilotage de Brime Technologies, mis en place pour accompagner la croissance, couvre tant les aspects opérationnels que les aspects financiers.

L'ensemble des tableaux de bord de pilotage est transmis à chacun des membres du directoire et revus en directoire tous les 15 jours.

La périodicité et la fréquence de remontée des informations sont différentes selon les axes d'analyse.

1. Reporting opérationnel

Ce reporting est hebdomadaire. Compte tenu de la forte décentralisation des responsabilités dans les filiales, les indicateurs opérationnels de ces dernières, qui remontent au niveau du directoire, sont volontairement limités en nombre et ciblés.

Ils concernent le taux d'inactivité et ils sont remontés toutes les semaines : ils ont trait au nombre de consultants en intercontrat, donc non facturables, et aux prévisions de retour de mission des consultants pour les 4 semaines à venir.

L'information est communiquée en nombre de consultants et en taux (% de consultants en inactivité /total consultants rémunérés).

2. Reporting trésorerie

Ce reporting est hebdomadaire et permet d'obtenir la situation consolidée du groupe.

3. Reporting RH*

Un reporting sur les effectifs est transmis tous les mois par chacune des entités sociales à la DRH, à J + 5.

Ce reporting permet de suivre les mouvements du mois (entrées, sorties, transferts) par catégorie de personnel : consultants, administratifs, commerciaux.

Voici les principaux ratios de performance suivis :

- Nombre de consultants /nombre de commerciaux
- Nombre de consultants /effectif total.

Ces principaux ratios sont comparés à ceux de la concurrence. Un exemple de reporting « ressources humaines » est présenté ci-après (figure 2.10) :

Figure 2.10 :
Tableau de suivi des effectifs pour une entité – Année XXXX

Mois	Janvier	Février	Mars	Avril	Mai	Juin	Juillet	Août	Septembre	Octobre	Novembre	Décembre	Cumul
Ingénieurs et techniciens sur site Ingénieur et techniciens locaux Commerciaux Ressources humaines Administratifs													
Effectif total fin du mois													
Effectifs au 1er du mois													
Entrées													
Sorties													
Moyenne													
Total													
RATIOS Productifs /commerciaux Productifs /RH Productifs /administratifs % de productifs % productifs facturés Croissance N générale Croissance N productifs Croissance mensuelle													

4. Reporting financier*

Un système d'information de gestion de type ERP* a été mis en place il y a de cela 2 ans environ. Il s'agit d'un développement spécifique qui a été piloté en interne par le DAF de Brime Technologies, avec des ressources internes.

Cet outil a été mis en place dans toutes les sociétés du groupe. Le plan de comptes a été standardisé et uniformisé pour l'ensemble des filiales. On peut ainsi établir un compte de résultat mensuel, sous un format standard, que ce soit au niveau d'une agence commerciale ou bien au niveau d'une société.

Le groupe dispose également d'un ERP* « métier » développé en interne, qui assure un interfaçage complet entre les modules paie et comptabilité. Il s'agit de solutions standard simples, éprouvées et peu onéreuses, qui permettent de ne pas avoir de doublon des saisies opérationnelles lors de l'édition de comptes de gestion d'agences, mais de pouvoir s'appuyer sur une uniformité des bases de données utilisées. D'où une richesse d'information et une rigueur d'organisation semblables à celles de groupes multi-filiales, pour ce secteur d'activité, et une simplicité d'utilisation, propre à de petites entités (Figure 2.11 pages suivantes).

Voici les principaux indicateurs de performance économique :

- Marge brute et taux de marge brute /entité /contrat
- Marge nette et taux de marge nette /entité /contrat
- Marge brute /productif /jour facturé
- Tarif journalier facturé /consultant
- Nombre de commerciaux /nombre de consultants
- Salaire moyen /catégorie de consultant
- Montant moyen des frais /commercial.

Ce sont ces mêmes ratios clés qui permettent également de paramétrer les principales hypothèses et de construire différents scénarios au moment de la construction budgétaire. Les simulations portent essentiellement sur les perspectives de croissance organique.

- Augmentation de chiffre d'affaires
- Taux de marge nette associée.

Figure 2.11
Compte de résultat Société X pour le mois d'avril

	Mensuel					Cumulé					Reste à faire
	Réel	Budget	Écart	N-1	N-1 %	Réel	Budget	Écart	N-1	N-1 %	
CA											
Dont intra-groupe											
Coût des ventes /coût des prestations											
Dont achat et sous-traitance											
Dont frais de personnel											
Marge brute											
Charges commerciales, marketing et RM											
Dont frais de personnel											
Dont autres											
Autres charges											
Total charges opérationnelles											
Contribution opérationnelle											
Charges services généraux											
Frais de personnel indirects											
Impôts et taxes											
Amortissements											
Frais et assistance (refacturation holding)											
Autres frais indirects											
Total frais indirects exploitation											
Résultat d'exploitation											
Résultat financier											
Résultat exceptionnel											
Participation											
IS											
Résultat net											
Taux de marge brute /CA											
Taux de marge nette /CA											
Marge nette retraitée Groupe											
CA salarié /productif /jour facturé											
Marge brute /productif/ jour facturé											
CA /sous-trait. int. /jour facturé											
Coût /sous-trait. int. /jour facturé											
CA /sous-traitant /jour facturé											
Coût /sous-traitant /jour facturé											
Effectif total (hors sous-traitants)											
Effectif productif											
Effectif commerciaux /directeurs											
Effectif administratif											
Effectif RH											
Effectif structure											
Effectifs sous-traitants											
Effectifs sous-traitants internes											

Nombre de jours ouvrables /mois Nombre de jours facturables /mois (av. / intercontrats) Salaire moyen productifs Salaire moyen commerciaux /directeurs Salaire moyen administratif Salaire moyen RH Salaire moyen structure Taux d'intercontrat Frais et charges annexes par personne Personnel productif Commerciaux /directeurs Administratifs – RH Structure									
% de productifs /effectif total Nombre de productifs /commerciaux Nombre de productifs /administratifs Nombre de productifs /RH									

5. Suivi des encours clients

Le risque client est faible. Un suivi des encours clients est effectué mensuellement conformément au modèle présenté ci-après (avec, à l'appui, le détail des balances et l'explication des principaux soldes clients) –Figure 2.12 :

Figure 2.12
Délai de règlement

	CA facturé hors interco	Solde créances client hors interco	Délai moyen
Entité : **XXX** 4 déc. 7 janvier 5 avril 3 mai 4 juin 5 juillet...			
Entité : **XXXX** ...			
Entité : **XXXXX** ...			

d) Les conséquences sur la contractualisation des objectifs et les modes de sanctions-rétributions

La contractualisation des objectifs est très forte, corrélée à une politique de rémunération des managers (dirigeants de l'entité et commerciaux) indexée sur la performance économique.

La part variable est adossée aux différents niveaux de marge des entités. Le président d'une entité sociale est rémunéré sur le taux de marge nette. Le principal accélérateur de la rémunération est le taux de marge nette (on peut atteindre des niveaux de rémunération équivalent à deux fois la part fixe). Le taux de marge nette est le principal indicateur, car les dirigeants de l'entreprise ne recherchent pas la croissance de leur part de marché à tout prix mais la croissance de leur profitabilité.

Le management des sociétés qui ont été rachetées par Brime Technologies est resté le plus souvent en poste. Ces managers ont reçu du cash et des titres de Brime Technologies au moment de l'acquisition par cette dernière de leur entreprise. Ils ont conservé leurs titres Brime Technologies au-delà du délai contractuel qui avait été fixé lors de la cession. Ces managers détiennent 23 % du capital de l'entreprise (33 % en incluant les salariés et les proches).

La carrière de Richard Salabi illustre bien cette culture de type entrepreneuriale, fondée sur la reconnaissance de la performance financière, commerciale et managériale : ancien dirigeant de la société Partners, rachetée par Brime Technologies, il est actuellement le président du directoire de Brime Technologies.

La politique de distribution de stock-options est largement « démocratisée ». En 2001, la quasi-totalité des collaborateurs de Brime Technologies a reçu des stock-options (1500 personnes).

Tous les mois, une revue systématique et une évaluation de la performance des collaborateurs (consultants) sont effectuées par le management. La proximité des hommes et des femmes est très forte.

En conclusion, la culture de Brime Technologies est essentiellement une culture d'entrepreneur, c'est-à-dire une culture de commerciaux très imprégnés de culture financière, l'entreprise étant cotée au nouveau marché. Le reporting a été construit en fonction de cette culture : simplicité et réactivité.

Autre exemple de société prestataire de services

La société S. est une société de services dans le domaine du conseil et des systèmes d'information. Elle est présente dans les trois domaines d'activités suivants :

- le conseil aux entreprises,
- l'intégration de systèmes d'information,
- l'externalisation.

Les fonctions centrales sont rattachées à la direction générale : soit, direction juridique, direction des ressources humaines, DAF, direction de la qualité.

Les business units sont, soit des entités en charge d'un secteur de marché, soit des centres de ressources spécialisés par métier.

Depuis un an, les équipes de contrôleurs de gestion ont été décentralisées dans les BU.

a) Politique de délégation

Les dirigeants des BU bénéficient d'une délégation étendue :

- En matière de dépense : jusqu'à 5 millions d'euros.
- En matière de négociation des contrats dans les limites suivantes, au nombre de trois :
  1. Si le montant de la proposition est inférieur à 5 millions d'euros.
  2. Si le taux de marge prévisionnel est conforme à celui du budget de l'exercice en cours, à noter que le taux objectif de marge est différent selon les trois activités : ce taux est le plus élevé pour les activités de conseil, alors qu'il est le moins élevé pour les activités d'outsourcing.

     Le taux de marge doit être évalué dans la durée, en particulier pour les activités d'intégration de systèmes d'information et d'outsourcing (contrats pluri-annuels). La valeur actuelle nette est dans ce cas calculée à partir d'un taux d'actualisation standard (à noter que, par simplification, le taux ne tient pas compte du niveau de risque encouru sur le contrat).

3. Si le contrat ne rentre pas dans la catégorie des « contrats à risque ».

Sont considérés comme contrats à risque :

- Les contrats avec engagement de résultat (dans ce cas, c'est au prestataire de faire la preuve que la faute incomberait au client, en cas de non-atteinte des résultats. Dans le cas de l'engagement de moyens, c'est l'inverse : c'est au client de faire la preuve que le prestataire n'a pas rempli ses engagements).

- Les contrats avec sous-traitance ou co-traitance.

- Les contrats mettant en œuvre des technologies nouvelles ou particulières.

Comité « offres »

Si le budget estimé pour une mission représente un CA potentiel supérieur à 5 millions d'euros, ou si le taux de marge risque d'être inférieur aux objectifs, ou encore si le contrat est un contrat « à risque », alors une procédure d'autorisation doit être suivie.

En premier lieu, la proposition doit passer en comité « offres ». Il s'agit de qualifier la proposition et de décider si la société va soumissionner.

Le comité placé sous la présidence du président de S. réunit les dirigeants des fonctions suivantes :

- Direction financière

- Direction technique et qualité

- Direction juridique

- Dirigeant de la BU concernée par la proposition

- Responsable marché /client.

En fonction des différents éléments d'analyse, entre autres :

- intérêt stratégique,
- risque encouru,
- taux de marge prévisionnel,

une décision est arrêtée.

Le recours à la sous-traitance ou à la co-traitance fait l'objet d'un examen attentif en comité « offres ». En effet, un des leviers forts de la performance économique est le taux de charge des ressources internes.

C'est la direction technique et qualité qui est en charge de cette évaluation fondée principalement sur une analyse détaillée des compétences techniques requises par le contrat *versus* les compétences techniques disponibles chez S.

La politique de S. est de ne recourir que très exceptionnellement à la sous-traitance et un dispositif « dissuasif » a été mis en place récemment à cette fin (le coût de la sous-traitance est majoré de 25 % pour le calcul de la marge standard).

Ajoutons qu'en fonction du montant du contrat (il y a des seuils de CA) et de l'importance du client (certains clients ont un statut international), la procédure d'autorisation dépasse le cadre national, et des approbations au niveau européen, voire mondial, sont nécessaires.

b) Tableau de bord de pilotage et structure du reporting

En dehors des ressources dédiées aux fonctions supports, on distingue chez S. deux types de ressources :

- des équipes de consultants spécialisés sur des produits, regroupés en centres de compétences, nommés business units ;
- des équipes en charge plus spécifiquement de l'action commerciale, davantage dédiées au développement d'un marché.

En conséquence, le dispositif de pilotage mis en place chez S. est à la fois pyramidal et matriciel.

Le dispositif pyramidal

Le premier niveau de suivi de la performance est le contrat client. Puis c'est l'ensemble des contrats d'un même client qui est consolidé pour apprécier la rentabilité globale du client.

Figure 2.13
Le dispositif pyramidal

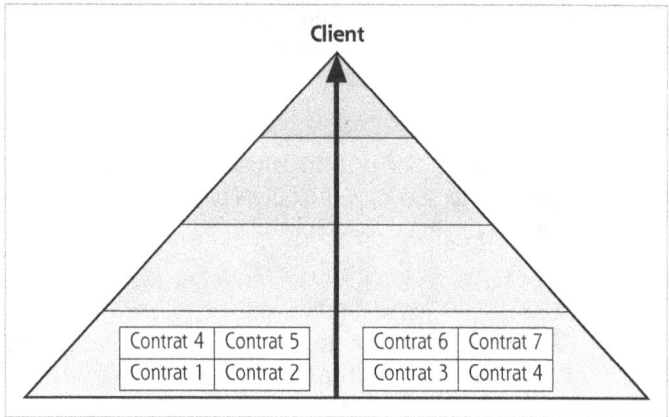

Le dispositif matriciel

En parallèle, les contrats relatifs à un même marché sont consolidés afin de permettre l'évaluation de la performance au niveau d'un marché.

Enfin, différents centres de ressources (BU) vont contribuer à la réalisation d'un même contrat, mais la performance de chaque BU devra être appréciée de façon intrinsèque. Pour l'essentiel, les prestations de services sont vendues au forfait.

Les professionnels en charge de la conduite des opérations (projets) sont impliqués dans le suivi de la performance de leurs projets. Les contrôleurs de gestion sont chargés d'assurer la cohérence des règles de gestion et exercent des missions de contrôle.

Ce sont les consultants, chefs de mission, et les dirigeants de chaque BU, qui rendent compte de leurs résultats, opérationnels et financiers (voir figure 2.14 page suivante).

Figure 2.14
Le dispositif matriciel

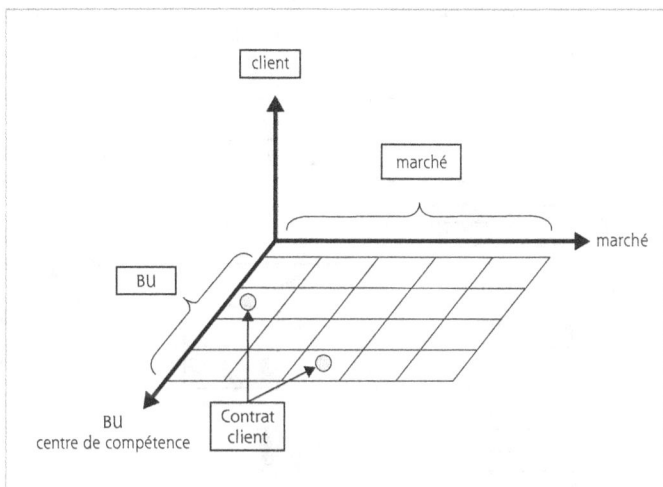

Le suivi du contrat client

Le premier niveau de suivi de la performance est le contrat client. Voici les principaux indicateurs mensuels suivis au niveau de chaque contrat (voir figure 2.15 page suivante) :

Figure 2.15
Tableau de suivi des contrats

Client	Client X	Client Y	Client Z	Etc.	Total
N° de client					
Type contrat					
Intitulé					
État					
Responsable					
Total commande					
Production[a]					
Jours[b]					
Honoraires au taux std					
Frais consom.					
Frais refact.					
Facturation émise					
Encours à facturer[c]					
Taux d'écart					
Tx std marge					
DSO					

a. Prestations + frais si facturable au client + revenu sous-traitance.
b. Nombre de jours « prestés » par des ressources et des sous-traitants régie.
c. Différence entre la production et le total des factures émises.

1. Profitabilité :

- Le « **taux d'écart au standard** » est basé sur la notion de prix de vente standard : rapport entre le nombre de jours imputés, par catégorie de professionnel, valorisés aux prix de vente standard, et le nombre de jours budgétés, ventilé selon les mêmes catégories valorisées aux mêmes prix de vente standard.

  Taux d'écart = (production – frais – sous-traitance forfaitée x 1,25) / honoraires standards.)

  Cet indicateur a l'avantage d'être simple à calculer, mettant rapidement en évidence les enjeux en termes opérationnels (la conformité de l'avancement de la mission au regard des engagements budgétaires pris auprès du client).

A noter que les ressources affectées au contrat peuvent provenir de différentes BU contributrices et de la sous-traitance. Si plusieurs BU sont impliquées, le contrat est géré par la BU qui apporte la plus forte contribution.

- La **marge standard directe** sur contrat est calculée à partir d'un coût standard par catégorie de ressources (taux de marge standard = (production – frais – total des coûts standards – sous-traitance forfaitée) x 1,25).

- La **marge réelle directe** sur contrat est fondée, contrairement à la marge standard, sur le coût réel des ressources affectées au contrat.

2. *Revenus :*

La **production valorisée par catégorie** représente le total du revenu du contrat sur l'année fiscale. Le revenu du contrat sur l'année fiscale comprend :

- le revenu des prestations,

- le revenu des frais quand ils sont facturés au client,

- le revenu de la sous-traitance.

Le revenu est valorisé par contrat lors de la clôture mensuelle de la façon suivante :

- Pour les contrats en régie, le revenu est calculé en fonction du nombre de jours prestés et du tarif de vente de chaque personne.

- Pour les contrats au forfait, une actualisation du budget est effectuée en parallèle de la constatation du chiffre d'affaires.

3. *Cash /trésorerie :*

- **Encours à facturer** : c'est l'encours de facturation qui est égal à la différence entre la production valorisée depuis le début du contrat et le total des factures émises. Cet encours est positif lorsque le montant total des factures émises est inférieur à la production imputée sur le contrat : dans ce cas, c'est que des factures sont à émettre sur le contrat. Il est négatif si des factures sont émises en avance sur la production. Il est important de vérifier l'adéquation de ce montant avec la réalité de la situation du contrat.

- Le **DSO** par contrat (Days of Sales Outstanding), en cumulé depuis le début du contrat qui reflète l'évolution du poste créances clients. (DSO = [(créances impayées + encours non facturé) /revenu des 3 derniers mois comptables] – 91).

Les créances impayées concernent toutes les factures émises et non réglées à la date de fin de période. L'encours non facturé correspond à la production ou au revenu, produit, mais non encore facturé. Le DSO n'est pas calculé lorsque le revenu des 3 derniers mois est nul ou inférieur à 100 euros. Le DSO n'est pas restitué lorsque le résultat est négatif, en raison d'un revenu négatif ou d'un encours négatif.

4. *Carnet de commandes :*

Le total de la commande du client sur le contrat depuis le début du contrat : elle correspond au total du budget saisi ou modifié suite à avenants.

Le pilotage des centres de ressources (BU)

Le deuxième niveau de pilotage relève du pilotage de la BU. Cette dernière regroupe des ressources spécialisées dans un domaine de compétences. Une BU compte de 50 à 300 professionnels.

Un des principaux leviers de performance pour la BU, c'est le niveau d'utilisation de ses ressources, et donc l'adéquation en quantités et en qualités de ses ressources par rapport au marché.

L'autre principal levier qui permet de mesurer la contribution financière de la BU aux résultats, c'est le rapport entre le produit de la vente de ses ressources et le coût de ces mêmes ressources (taux journalier moyen).

Voici les principaux indicateurs mensuels de pilotage de la BU :

1. *Activité :*

Le taux de charge est un des éléments clés du pilotage. Il est décliné par catégorie de professionnels (suivi hebdomadaire) – figure 2.16.

Figure 2.16
Taux de charge et activité sur contrats actifs au 00.00.00
(trimestre X, période 00)

	BU /métiers	**BU1**	**BU2**	**BU3**	**Etc.**	**Total**
	Groupe de staffing					
Nombre de jours	Dispo. cumul					
	Dispo. période					
	Charge cumul					
	Charge période					
Taux de charge (TxC)	TxC cumul					
	TxC période					
Catégorie A	TxC cumul					
	TxC période					
Catégorie B	TxC cumul					
	TxC période					
Catégorie C	TxC cumul					
	TxC période					
Catégorie D	TxC cumul					
	TxC période					

2. *Revenus :*

Les revenus de la BU = nombre de jours vendus par catégorie X prix de vente

3. *Cash /trésorerie :*

Le DSO

4. Profitabilité :

Le taux journalier moyen de production valorisée, décliné par catégorie : revenus de la BU divisés par les coûts directs de la BU.

Le pilotage de la performance marché

Un marché correspond à un secteur d'activité économique. La performance d'un marché s'apprécie également au travers des mêmes critères que ceux prévalant pour un client, sur la base d'une consolidation des données contrat /client /marché (cf. plus haut diagramme).

Mais la performance d'un marché s'apprécie également de façon spécifique au travers d'indicateurs mesurant l'efficacité commerciale des ressources dédiées au développement (à noter que certains indicateurs marchés peuvent également se décliner par client).

Les principaux indicateurs sont les suivants :

1. Profitabilité :

- La marge directe standard
- La marge directe réelle
- Le taux journalier moyen de production

2. Revenus :

- La production vendue valorisée, sous-traitance comprise

3. Cash :

- Le DSO

4. Efficacité commerciale :

- Les propositions gagnées rapportées aux propositions perdues, en nombre et en valeur
- La valeur moyenne des propositions
- Les coûts de la fonction commerciale rapportés au chiffre d'affaires

- Les coûts de la fonction commerciale rapportés au montant des prises de commandes (figure 2.17).

Figure 2.17
Synthèse développement commercial

	CUMUL				MOIS (propositions déclarées dans la période)			
Synthèse en nombre								
	Total	Gagnées	Perdues	En cours de décision	Total	Gagnées	Perdues	En cours de décision
		Nbre | %	Nbre | %	Nbre | %		Nbre | %	Nbre | %	Nbre | %
Industrie								
Services non financiers								
Services financiers								
TOTAL								
Synthèse en valeur (Keuro)								
	Montant Keuro	Gagnées	Perdues	En cours de décision	Montant Keuro	Gagnées	Perdues	En cours de décision
		Nbre | %	Nbre | %	Nbre | %		Nbre | %	Nbre | %	Nbre | %
Industrie								
Services non financiers								
Services financiers								
TOTAL								
Valeur moyenne des propositions (Keuro)								
	Globale	Gagnées	Perdues	En cours de décision	Globale	Gagnées	Perdues	En cours de décision
		Nbre | %	Nbre | %	Nbre | %		Nbre | %	Nbre | %	Nbre | %
Industrie								
Services non financiers								
Services financiers								
Valeur moyenne globale								

5. *Carnet de commandes :*

Les prises de commandes en nombre et en valeur

- Le carnet de commandes en valeur
- reste à facturer sur le carnet de commande qui permet d'effectuer la prévision de chiffre d'affaires.
- ratio entre le montant de la production déjà réalisée sur le carnet de commandes et le reste à faire en carnet de commandes. Les plans de recrutements sont établis en fonction de ce ratio qui permet d'anticiper le niveau de « saturation » prévisionnelle des ressources.

Les évolutions du système de pilotage

Les principales évolutions devraient porter sur :

- La valorisation des offres

  Exemples :
  - Intégration d'ERP*
  - Passage aux normes IAS
  - CRM, etc.
- L'évaluation des coûts de structure
- Les ressources humaines

Pour mémoire, sont suivis actuellement :

- Les effectifs par catégorie de professionnels
- Le turn-over par catégorie
- Les coûts de formation par catégorie.

c) Contractualisation des objectifs

Compte tenu des métiers et de l'organisation très décentralisée chez S., la responsabilité de la performance économique y est partagée entre différentes équipes.

De ce fait, un système de contractualisation annuelle des objectifs permet de fédérer l'ensemble des contributeurs, au travers d'un nombre limité d'objectifs. Les objectifs sont tout d'abord globaux et collectifs. Il s'agit :

- de la marge opérationnelle
- du résultat opérationnel
- du DSO.

A ces objectifs globaux, se combinent des objectifs individuels qui tiennent compte de la classification et du profil des collaborateurs. Par exemple :

- taux de charge

- production à encadrer

- CA

- nombre de jours de formation donnés.

d) Sanctions-rétributions

La rémunération tient compte de l'atteinte des objectifs globaux et individuels. La part variable est plus importante au fur et à mesure que l'on monte dans la hiérarchie des collaborateurs de S. Exemples :

- Managers : part variable, 15 % de la rémunération

- Dirigeants : part variable, 40 % de la rémunération.

Les objectifs sont contractualisés tous les ans et une évaluation annuelle est menée chaque année pour chaque collaborateur, qui permettra de mesurer le niveau d'atteinte des objectifs. Sur cette base sont décidées des promotions. L'entreprise, qui a connu depuis 10 ans une forte croissance interne, a procédé essentiellement à des promotions internes.

e) Conséquence sur les compétences techniques ou managériales

Culture forte d'entrepreneur fondée sur la prise en charge de l'individu par lui-même.

f) Culture de gestion

La culture dominante est essentiellement une culture d'entrepreneurs qui, au fur et à mesure de la croissance, s'est muée en culture de grande entreprise, à forte prédominance commerciale « sous contrainte économique ».

En résumé

Pour être efficace, le système de pilotage doit intégrer deux dimensions :

- La stratégie formalisée dans les normes définies au chapitre 1.

- La culture d'entreprise qui va se traduire au travers de :

  - la gestion des délégations,

  - les modalités de contractualisation sur les objectifs de résultat,

  - les modalités de sanction-rétribution,

  - la répartition des compétences dans le comité de direction,

  - l'équilibre entre indicateurs financiers, techniques, marketing et indicateurs orientés ressources humaines dans les tableaux de bord.

Chapitre 3

Développer l'anticipation et la réactivité : d'un pilotage des moyens vers un pilotage de la performance

L'accélération du cycle de vie des produits, les évolutions constantes des marchés, suscitent en matière de contrôle de gestion une obligation de réactivité forte et de suivi de plans d'actions qui deviennent ainsi la base du pilotage.

Le préalable : la formulation stratégique

Au cours du chapitre 1, nous avons largement traité de l'importance d'une formalisation de la stratégie en tant que préalable à la construction d'un système efficace de pilotage des performances. Dans le cas contraire, on risque de se limiter à un pilotage de moyens déconnecté de la réflexion sur l'évolution de l'entreprise. Ce pilotage est générateur d'immobilisme car il ne permet pas une remise en cause de la structure et de l'affectation des ressources en fonction des besoins.

Dans la pratique, ce pilotage correspondait aux « procédures budgétaires », familières de ceux d'entre nous qui exerçaient dans le contrôle de gestion il y a quelque 20 ans. Il s'agissait, à partir d'une consommation de ressources par centre de responsabilité, d'extrapoler des évolutions incorporant ou non des gains de productivité et des perspectives d'inflation. Il n'y avait, dans ces procédures, aucun lien direct entre stratégie produits marchés et ressources.

Un ajustement se faisait dans un second temps, car les centres de responsabilités étaient nécessairement amenés à modifier leurs budgets en fonction des nouveaux produits marchés... mais au prix d'une mécanique lourde et pas nécessairement cohérente.

Il y a 20 ans, dans le contexte d'une économie « d'offre », les cycles de vie des produits étaient plus lents et donc les besoins de réactivité plus faibles. Des systèmes de pilotage centrés autour de la gestion des moyens avaient donc leur pertinence.

Une formulation stratégique doit nécessairement comporter :

- Les domaines stratégiques sur lesquels l'entreprise va intervenir (couple produits marchés).

- Les objectifs que l'entreprise s'assigne sur ces domaines (par exemple : être le leader des produits à bas coûts sur le segment de la clientèle moyenne).

- Les facteurs clés de succès qui vont permettre à l'entreprise d'atteindre ses objectifs (exemples : volume, coût, standardisation...).

- Les processus impliqués et les principaux enjeux de performance qui en découlent.

Une fois le préalable de la formulation stratégique réalisé, la construction du système de pilotage se déroule en quatre étapes clés (figure 3.1) :

Figure 3.1
Les étapes de construction
d'un système de pilotage des performances

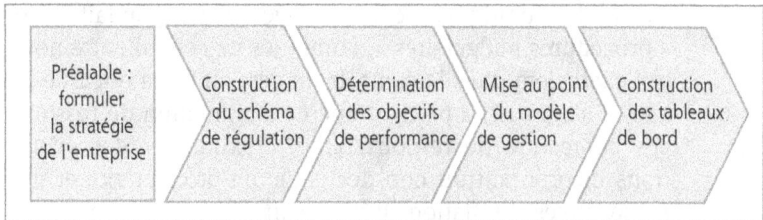

| Préalable : formuler la stratégie de l'entreprise | Construction du schéma de régulation | Détermination des objectifs de performance | Mise au point du modèle de gestion | Construction des tableaux de bord |

1. Construction du schéma de régulation : sur quel découpage de l'organisation en « entités de gestion » organiser le pilotage des performances ?

2. Choix des mesures de performance : comment définir les objectifs de performance et les mesurer ?

3. Définition du modèle de gestion : comment contractualiser entre les « entités de gestion» sur les mesures de performance : cycle de décisions, de reporting et calendriers.

4. Conception des tableaux de bord favorisant la réactivité (figure 3.2 page suivante).

Figure 3.2 : Les composantes du pilotage des performances et leur articulation

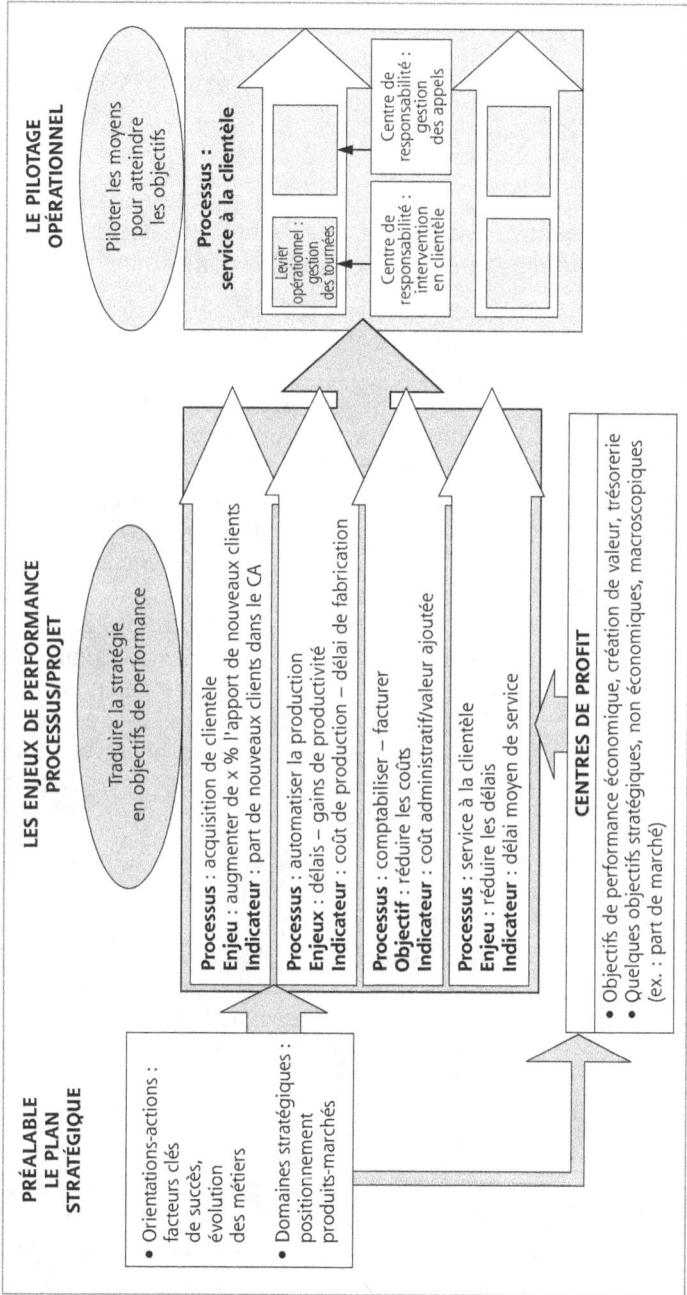

**PRÉALABLE
LE PLAN
STRATÉGIQUE**

- Orientations-actions :
  facteurs clés
  de succès,
  évolution
  des métiers

- Domaines stratégiques :
  positionnement
  produits-marchés

**LES ENJEUX DE PERFORMANCE
PROCESSUS/PROJET**

Traduire la stratégie
en objectifs de performance

Processus : acquisition de clientèle
Enjeu : augmenter de x % l'apport de nouveaux clients
Indicateur : part de nouveaux clients dans le CA

Processus : automatiser la production
Enjeux : délais – gains de productivité
Indicateur : coût de production – délai de fabrication

Processus : comptabiliser – facturer
Objectif : réduire les coûts
Indicateur : coût administratif/valeur ajoutée

Processus : service à la clientèle
Enjeu : réduire les délais
Indicateur : délai moyen de service

CENTRES DE PROFIT

- Objectifs de performance économique, création de valeur, trésorerie
- Quelques objectifs stratégiques, non économiques, macroscopiques
  (ex. : part de marché)

**LE PILOTAGE
OPÉRATIONNEL**

Piloter les moyens
pour atteindre
les objectifs

**Processus :
service à la clientèle**

Levier
opérationnel :
gestion
des tournées

Centre de
responsabilité :
intervention
en clientèle

Centre de
responsabilité :
gestion
des appels

1. Le schéma de régulation

A ce niveau, il s'agit de définir les « entités de gestion » sur lesquelles vont reposer les objectifs de performance attendus.

En pratique, pour clarifier le rôle, la responsabilité des différents niveaux de l'organisation et leurs interactions, il faut répondre aux questions suivantes :

- Quels sont les centres de profit ?
  Les centres de profit correspondent à des entités pour lesquelles la notion de performance économique a un sens, dans la mesure où elles ont la maîtrise tant de leurs moyens que de leurs produits. À l'intérieur d'un groupe, il peut s'agir d'une filiale disposant d'une forte autonomie. Il peut également s'agir d'une division autonome quant à la gestion de ses moyens et de ses opérations commerciales.
  Des objectifs contractuels sont assignés aux centres de profit, et ce, en termes économiques, tournant autour de la création de valeur, du résultat, de la trésorerie et du chiffre d'affaires. Les centres de profit, pour leur propre pilotage, utilisent, à leur tour, les concepts de processus et de centres de responsabilité.

- Quels sont les centres de responsabilité ?
  Le centre de responsabilité est la structure opérationnelle de base qui doit contribuer à l'efficacité opérationnelle des processus transverses, et pour lequel un système de mesure en termes de contribution à la performance globale du processus doit être mis en place. C'est également le cadre de référence pour l'allocation des moyens et le contrôle budgétaire des moyens alloués en fonction des contributions attendues.

- Comment sont pris en compte les processus ?
  S'agit-il de leviers opérationnels de la performance découlant de la stratégie ? Quel niveau de contractualisation globale peut être mis en place

en fonction de l'organisation et des responsabilités ?

- Y a-t-il des projets donnant lieu à contractualisation et à reporting individualisé ?

Les entités de gestion définies ci-dessus ne doivent pas être comprises comme étant associées à des modes de pilotage exclusifs l'un de l'autre, mais comme complémentaires.

Nous détaillons ci-après les points qui nous paraissent les plus délicats dans la construction du schéma de régulation, notamment le pilotage de la performance par les processus et par les projets.

1.1. Le pilotage de la performance par les processus

La notion de processus est couramment utilisée pour modéliser les chaînes de création de valeur. Les processus permettent de fédérer les moyens autour d'objectifs de performance découlant directement de la stratégie.

Un processus doit, par définition, offrir un service à des clients internes ou externes. La stratégie doit être traduite au niveau de chaque processus en termes de ressources affectées, nature de service ou produits offerts et objectifs de performance (figure 3.3 page suivante).

Figure 3.3
Exemples de processus
pour une entreprise de livraison de services industriels

Produits/services	Type de client	Processus opérationnels
Acheminement des produits dans des conditions spécifiées par le contrat	Externe	Commercialiser les prestations d'acheminement
Livraison du produit dans les conditions spécifiées au travers d'un raccordement	Externe	Commercialiser les prestations de livraison et raccordement
Installations aptes à réaliser les acheminements et installations	Internes : exploitants du réseau	Construire et rénover les installations
Conformité et disponibilité des ouvrages	Internes : exploitants du réseau	Maintenir les installations
Mise à disposition des matériels	Internes : exploitation des unités de production et des unités de maintenance du réseau	Acheter et gérer les stocks
		Support
Adaptation des compétences des personnels aux besoins	Internes : unités d'exploitation et de support internes	Gérer les ressources humaines
Éléments de veille analytique mis à la disposition des différents processus	Internes : processus et unités d'exploitation internes	Assurer une veille active
Disponibilité du système d'information et adéquation aux besoins	Internes : processus, unités d'exploitation, unité de support. Externes : clients pour les transactions commerciales ou logistiques	Administrer le système d'information

Le choix des processus est fonction des activités et priorités de chaque entreprise concernée.

Au niveau du schéma de régulation, il faudra préciser la nature et l'étendue des responsabilités de chaque entité.

- Faut-il nommer des « responsables » de processus, avec une contractualisation forte sur objectifs de résultats, donnant lieu à un reporting formel ?

- S'agit-il, sinon, d'attribuer à un manager la responsabilité de fédérer des moyens autour d'objectifs de performance ?

Prenons l'exemple d'un processus après-vente (figure 3.4).

Figure 3.4
Les acteurs dans le processus après-vente

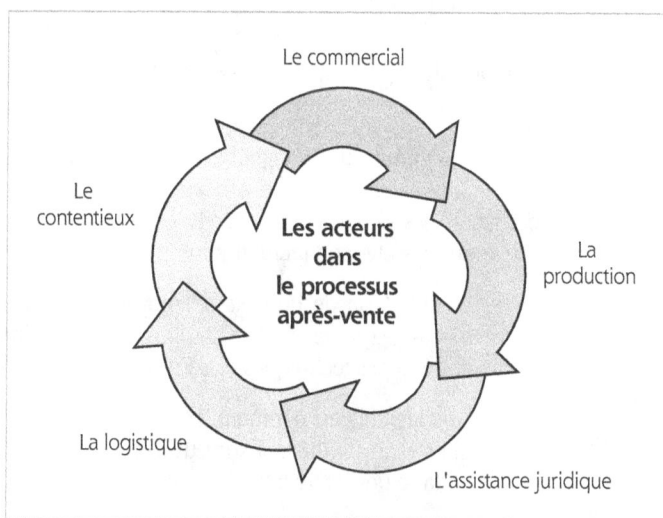

Ce processus implique de nombreux départements :

- le commercial qui a la responsabilité de la relation « clients » ;

- la production qui doit traiter « techniquement » les produits retournés ;

- l'assistance technique ;

- la logistique qui organise les tournées ;

- le contentieux qui doit traiter les litiges éventuels.

Exemple de pilotage de la performance par les processus

Entreprise de services industriels

Afin d'améliorer le service à sa clientèle et de développer en conséquence son chiffre d'affaires et sa profitabilité à très long terme, une entreprise de services industriels a adopté une démarche d'animation de progrès sur le processus « service à la clientèle ». Ce processus recouvre, à la fois, des activités d'après-vente (conseil, dépannage) et des activités de mise en service de contrats initiaux.

L'entreprise regroupe une vingtaine de départements principaux. Dans le cadre du budget, elle procède à une contractualisation avec chacun des départements, sur la base d'objectifs de performance annuels. Cette contractualisation porte sur :

- La définition de budgets de moyens liés à des niveaux d'activité (par exemple : nombre d'heures d'intervention des équipes techniques et coûts correspondants).

- Lorsque cela est pertinent, certains indicateurs économiques « de synthèse » sont utilisés, notamment le coût unitaire des interventions.

Par exemple, pour les départements de production, un coût de production est calculé et utilisé pour la définition d'un coût « objectif », constituant un des objectifs de performance.

Cette approche permet de contrôler le volume de moyens par rapport à un niveau d'activité. Mais elle n'est pas adaptée au pilotage des actions de progrès par exemple relatives au processus « service à la clientèle ». Elle n'apporte pas d'éléments de réponse aux questions suivantes :

- Les délais d'intervention sont-ils conformes à nos objectifs stratégiques de service et, si non, comment les améliorer ?

- Le coût global des interventions est-il compatible avec les objectifs stratégiques et les bonnes pratiques de la concurrence (benchmarking) ? Si non, comment améliorer ce coût ? Comment entreprendre une action de progrès continu ?

Le suivi par départements est imparfaitement capable d'apporter une réponse à ces problématiques :

- Le suivi des coûts et des faits générateurs de ces coûts était incomplet.

- *Idem* pour le suivi des délais calculé à un seul bout de la chaîne (équipes d'intervention) et non pas mesuré depuis l'expression de la demande du client jusqu'à la livraison (ce que perçoit le client).

Il est donc apparu qu'un pilotage transversal du processus « service à la clientèle » devenait nécessaire. Néanmoins, il fallait définir si ce pilotage devait aller jusqu'à la contractualisation des objectifs de résultat et l'allocation correspondante de ressources ; fallait-il faire un budget par processus ? Il est apparu, très vite, que le passage à une budgétisation par processus, allait bouleverser trop fortement les modalités de fonctionnement de l'entreprise et qu'une approche progressive d'animation de gestion autour des processus apparaissait plus adaptée.

Le choix fût d'utiliser les processus comme instrument de fédération de moyens et non comme instrument de contractualisation.

La démarche de progrès engagée sur le processus « service à la clientèle » fut la suivante :

Dans un premier temps, l'entreprise a précisé ses objectifs stratégiques pour les 5 années à venir.

- réduire les délais de mise en œuvre des nouveaux contrats ;
- réduire les délais d'intervention en après-vente ;
- réduire le coût unitaire des interventions après-vente ;
- développer la connaissance des attentes de la clientèle, clientèle grand public ou clientèle d'affaire ;
- élargir la gamme de l'offre grand public avec des produits à forte valeur ajoutée ;

- développer l'accueil de l'entreprise et faciliter l'accès aux clients quels que soient les médias (Internet, téléphone, déplacement physique).

Dans un deuxième temps, l'entreprise a identifié, dans l'organisation, les départements les plus susceptibles de contribuer à l'atteinte des objectifs stratégiques, par exemple, les agences commerciales, le service contentieux, les agences d'exploitation.

Dans un troisième temps, elle a identifié les principaux leviers d'action à même de contribuer à l'atteinte des objectifs et les plans d'action correspondants, et ce, au sein de chaque département.

Par exemple, pour réduire les délais de mise en œuvre des contrats ou les délais d'intervention en après-vente, l'entreprise a identifié les leviers d'actions présentés ci-après, relatifs à l'agence d'exploitation en charge des prestations techniques de mise en œuvre des contrats et des prestations d'après-vente (figure 3.5 page suivante).

Figure 3.5
Exemple de recherche d'indicateur et/ou de plans d'action

Pour le processus : service à la clientèle

Leviers d'action	Indicateurs / données à suivre	Plan d'action	Centre de responsabilité				
			Mkt a	DV b	CL c	Ac d	Ae e
1/ Agir sur les différentes composantes maîtrisables du délai de mise en service	• Nombre de branchements • Nombre de modifications de branchement • Délai de raccordement (de l'acceptation du devis jusqu'au raccordement effectif)/ garantie de service	• Clarifier le délai cible par nature de branchement : 15 j ? 21 j ? • Améliorer l'exploitation de l'échéancier électronique permettant un suivi du délai par affaire : – Pertinence des jalons définis dans l'outil. – Définition de jalons cibles permettant de rythmer la gestion de l'affaire.		(branchement)			X
	• Délai de réalisation des études (délai RDV + délai envoi devis)	• Suivi par rapport à la garantie de service : 8 j. • Clarté et flexibilité de l'ouverture des tournées pour prise de RDV. • Clarifier les priorités entre branchement et autres activités des équipes branchement (maintenance, travaux neufs). • Définir un jalon cible : J + 1 ?					
	• Délai d'envoi de l'ordre de service à l'entreprise sous-traitante (dès le paiement client)	• Mettre en place le contrôle interne pour éviter les dérapages. • Transmettre au plus vite les demandes au sous-traitant si entreprise non accessible.					

a. *marketing*
b. *divers clients*
c. *relations clients*
d. *agence commerciale*
e. *agents d'exploitation*

1.2 Le pilotage de la performance par les projets

De plus en plus, les entreprises qui souhaitent mettre l'accent sur le caractère transitoire de leur organisation parlent « d'organisation en mode projet ». A notre avis, souvent abusivement, car la notion de pilotage en mode projet correspond à des concepts et à une organisation extrêmement précis que nous développerons ci-dessous.

Par ailleurs, les établissements publics ne sont pas en reste : dans la loi de réorientation de la comptabilité publique, en date d'août 2001, l'accent est mis sur la nécessité d'utiliser autant que possible la notion de programme, les dépenses qui ne peuvent être affectées sur des programmes étant gérées sur un mode de « dotation ».

Le pilotage en mode projet est, de notre point de vue, nécessaire lorsque les conditions suivantes sont réunies :

- exploitation de ressources transverses à l'organisation, c'est-à-dire, mettant à contribution plusieurs départements ;
- caractère non récurrent, c'est-à-dire limité dans le temps des ressources engagées sur des actions précises ;
- prestations et produits livrables précisément définis et jalonnés dans le temps.

A ces conditions, le pilotage en mode projet offre les avantages suivants :

- adossement aisé des coûts et des résultats ;
- suivi de l'avancement et mesure des évolutions ;
- projection à terminaison ;
- gestion des opérations pluri-annuelles (consolidation multi-exercices, dégagement des résultats à l'avancement et par période).

Le choix d'une régulation en mode projet n'est pas exclusif du choix d'un mode de régulation en centre de coûts ou en centre de profits. Les deux peuvent co-exister.

La régulation en mode projet implique une organisation très rigoureuse séparant maîtrise d'ouvrage et maîtrise d'œuvre.

Le rôle d'une maîtrise d'ouvrage est fondamental. Elle agit comme le « client du projet » et garde la trace des spécifications initiales et de leur évolution dans le temps.

La maîtrise d'œuvre est chargée de la réalisation du projet à proprement parler. Il est de sa responsabilité de mettre en œuvre, de manière effective, les actions nécessaires à la confection des services ou produits dont la livraison est prévue.

Exemple de pilotage de la performance par les projets

Entreprise de travaux publics

Il s'agit d'une moyenne entreprise opérant dans les travaux publics de spécialité. Cette entreprise à forte technicité est connue dans sa spécialité et opère au plan européen.

Les principes de régulation de l'entreprise sont structurés autour de 2 types d'entités.

- Des projets externes facturés sur le marché et prélevant leurs ressources auprès de centres de moyens mutualisés. Les projets sont gérés comme des centres de profit, le critère principal (et non exclusif) de performance étant le taux de marge brute.

- Des centres communs de moyens. Ces centres de moyens sont organisés par métier (ingénierie, techniciens d'étude, y compris les fonctions de projet) et ont pour mission de fournir aux projets les ressources humaines dont ils ont besoin.

Ces entités sont gérées comme des centres de coût, en ce sens qu'elles n'ont pas pour mission de générer du profit, dans un contexte où il n'y a pas « refacturation à des prix de marché », mais réallocation de coûts à des taux définis annuellement.

Elles doivent, en revanche, fournir les bonnes compétences, des prestations de qualité et assurer un bon taux d'emploi des ressources dont elles ont la charge. Un des objectifs de performance clés est donc le taux de charge.

Les objectifs de performance que nous venons d'évoquer (taux de marge brute et taux de charge) ne sont pas exploités de manière rigide, mais complétés par des indicateurs de qualité et de service à long terme.

Par exemple, pour les projets, l'indicateur de marge brute est complété par des indicateurs de qualité de service et de relation client, et ce, dans un souci de gérer la profitabilité à long terme et non pas le seul résultat à court terme.

Ce souci d'une prise en compte globale des performances se traduit au plan de la politique de rémunération par une base variable des rémunérations qui est assise, à la fois, sur une performance quantitative (marge brute dégagée sur le projet) et qualitative (qualité de la relation client).

L'allocation des ressources sur les projets est donc régulée par le double souci d'un taux de marge brute satisfaisant et d'une bonne qualité de service.

L'animation de gestion, à pas essentiellement trimestriel, va surtout porter sur l'avancement coûts-résultats-délais des projets et la projection coûts-résultats, à terminaison.

En résumé

Le schéma de régulation permet de définir tant les entités de gestion sur lesquelles vont reposer les objectifs de performance que leur articulation avec les organisations. Plusieurs modes de régulation peuvent être envisagés sans être exclusifs les uns des autres en fonction des caractéristiques suivantes :

1. niveau d'autonomie et de décentralisation élevé des unités, conduisant le plus souvent à un pilotage par centre de profit ;

2. caractère temporaire des entités de gestion à piloter conduisant à un pilotage par projet ;

3. multiplicité d'acteurs sur un même enjeu de performance nécessitant une coordination transversale des activités à l'intérieur de l'organisation, menant à un pilotage par processus.

Quel que soit le mode de régulation retenu, il est nécessaire de définir les centres de responsabilités à l'intérieur de l'organisation, qui sont, entre autres, à la base du processus budgétaire, et constituent un point de passage pour l'allocation de moyens.

2. La mesure de performance

Une fois la stratégie et le modèle de régulation précisés, il faut définir des indicateurs de performance pertinents et mesurables. Ces indicateurs doivent être cohérents avec la logique de régulation.

Par exemple, les indicateurs retenus pour les centres de profit vont surtout porter sur des performances économiques d'ensemble. Pour les centres de responsabilité il s'agira surtout d'indicateurs de moyens adossés à des objectifs physiques de performance et pour les processus, d'indicateurs physiques ou économiques.

Dans tous les cas de figure, les indicateurs de performance devront être clairement reliés aux orientations stratégiques.

Figure 3.6
Schéma de démarche de définition
des objectifs de performance

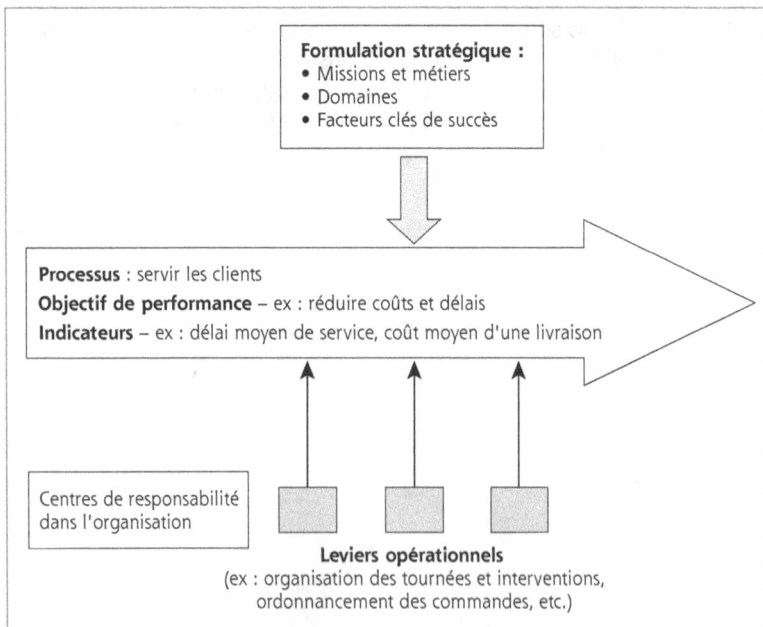

Formulation stratégique :
• Missions et métiers
• Domaines
• Facteurs clés de succès

Processus : servir les clients
Objectif de performance – ex : réduire coûts et délais
Indicateurs – ex : délai moyen de service, coût moyen d'une livraison

Centres de responsabilité dans l'organisation

Leviers opérationnels
(ex : organisation des tournées et interventions,
ordonnancement des commandes, etc.)

2.1 Le pilotage par les processus et les centres de responsabilité

Exemple de pilotage par les processus et les centres de responsabilité

Entreprise de services industriels

La stratégie de l'entreprise a été formulée à deux niveaux :

- Au plan national, formulation des objectifs stratégiques précisant les missions de l'entreprise à long terme, l'évolution des métiers, les investissements correspondants. De fait, le niveau « national » détermine les choix qui conditionneront l'allocation de 90 % des ressources, qu'il s'agisse d'exploitation ou d'investissement.

- Au plan des entités « régionales », la formulation stratégique correspond plus à une logique « à la marge ». Il s'agit d'intégrer les spécificités régionales liées au contexte économique, à la concurrence, à l'état des infrastructures spécifiques. Les objectifs stratégiques d'une unité régionale vont donc être déterminés :
  - à 85 % par les orientations nationales,
  - à 15 % par les spécificités locales.

Les principes de régulation de l'entreprise reposent sur deux piliers :

- <u>Premier pilier</u>
  Les processus nationaux, dont principalement :
  - commercialisation des prestations,
  - mise à disposition des produits et prestations,
  - stockage des produits et prestations,
  - développement des infrastructures,
  - maintien en sécurité des infrastructures,
  - achat,
  - gestion des ressources humaines,
  - comptabilisation des factures.

Les objectifs stratégiques sont déclinés au travers des processus nationaux, au plan des opérations, dans l'optique de développer les synergies tranverses.

Les objectifs de performance visés ne constituent pas, pour autant, un cadre de contractualisation.

Figure 3.7
Définition des indicateurs de performance par processus

Processus	Indicateurs de performance
Commercialisation des prestations	Progression du chiffre d'affaires, placements produits et services (chiffre d'affaires futur)
Mise à disposition des produits et prestations	Régularité des livraisons
Maintien en sécurité du fonctionnement des infrastructures	Évolution du coût d'acheminement des produits
	Mesure de la régularité du service
	Nombre d'incidents

- Second pilier
  Les business units (directions régionales), gérées comme des centres de responsabilité, constituent le cadre de pilotage opérationnel des activités ainsi que celui de la contractualisation : c'est à ce niveau que sont définis les budgets et les objectifs annuels et contractuels de performance sur lesquels le reporting est bâti.

Voici quelques indicateurs de performance assignés aux business units de cette entreprise de services industriels (Figure 3.8 page suivante).

Figure 3.8
Indicateurs de performance des directions régionales

Processus de référence	Enjeu de performance	Indicateurs de performance
Maintien en sécurité du fonctionnement des infrastructures	Régularité du service	• Durée cumulée des arrêts pour causes internes • Durée cumulée des arrêts pour causes externes
Mise à disposition des produits et prestations	Coût unitaire Régularité du service	• Coût des livraisons par unité d'œuvre livrée • Nombre d'interruptions de fourniture
Commercialisation des prestations	• Progression du CA rentable à court terme • Développement du CA rentable à long terme • Accroissement de la part des services à valeur ajoutée dans le CA	• Nombre de placements à long terme • CA et marge à court terme • Part des nouveaux services à valeur ajoutée dans les ventes

Dans cet exemple, l'entreprise est conçue comme un ensemble intégré, bâti autour de processus nationaux, des business units, régulées comme des centres de coûts, disposant d'une autonomie réduite pour adapter les processus nationaux au contexte local.

Les indicateurs de performance et le reporting qui l'accompagne sont très liés à des objectifs de performance définis sur des processus nationaux qui sont les principaux leviers de la stratégie.

En conclusion, le choix des indicateurs de performance est donc très lié à la stratégie de l'entreprise et aux principes de régulation qui ont été choisis.

2.2 Le pilotage par les centres de profit

ex

Exemple de pilotage par les centres de profit

Canal+

Cet exemple relève d'une logique de régulation foncièrement différente. La division est composée de business units (les principales sont au nombre de 20) régulées dans une logique de centres de profit et disposant donc d'une réelle autonomie pour l'allocation des ressources.

Les orientations stratégiques de la division sont essentiellement exprimées en termes de profitabilité et de cash. Les objectifs de performance des divisions en découlent.

Nous reprenons, ci-après, les principaux indicateurs de performance exploités pour la fixation des objectifs budgétaires et pour le reporting (figure 3.9 page suivante).

Figure 3.9
Principaux indicateurs de performance

Indicateur de reporting	Équivalent français	Interprétation
Catégorie Indicateur de résultat :		
EBITDA*	EBE*	Capacité de la business unit à générer du cash
EBIT*	Résultat courant	Profitabilité de l'entreprise avant frais financier
Net income	Résultat net	Profitabilité de l'entreprise
Catégorie Indicateurs de trésorerie :		
Free cash flow* (cash flow avant imputation des frais financiers)	Idem	Trésorerie dégagée par l'unité avant imputation des frais financiers gérés dans une logique groupe
Cash flow*	Idem	Trésorerie nette de frais financiers, dégagée par le groupe
Net cash provided by operations	Cash flow* opérationnel	Consommation /création de trésorerie liée aux opérations d'exploitation
Cash flow* from investing activities	Cash flow* lié aux investissements	Consommation /création de trésorerie liée aux opérations d'investissements sectoriels
Cash flow* provided / (used) by financing activities	Cash flow* lié aux opérations financières	Balance des produits et charges financières

Pour l'essentiel, les indicateurs exploités pour la fixation des objectifs de performance et le reporting qui en découle sont les suivants :

- L'EBIT* et l'EBITDA* pour les résultats. Le niveau de fixation de ces objectifs doit être relié avec l'objectif de rentabilité des capitaux employés (notion de création de valeur).

- Le free cash flow*. Le financement du groupe Vivendi étant centralisé, il est logique que les objectifs de cash flow soient définis hors frais financiers et qu'ils intègrent le niveau de consommation de capitaux de la business unit.

En résumé

Le choix des indicateurs de performance est intimement lié au schéma de régulation :

- Pour un pilotage par centre de profit, une importance particulière sera attachée aux indicateurs de création de valeur économique.

- Pour un pilotage par processus, les indicateurs de performance seront fonction des facteurs clés de succès (par exemple : régularité de service, délai, etc.).

- Pour les centres de responsabilités, les indicateurs sont davantage orientés vers la consommation de moyens, et sur leur contribution à la performance des processus.

3. Le modèle de gestion

A ce stade, il s'agit d'organiser, en cohérence avec les choix en matière de schéma de régulation et d'indicateurs, le pilotage de l'entreprise ; notamment sous l'angle des processus de prises de décision et des calendriers.

Le modèle de gestion reprend de manière formalisée l'ensemble des composantes suivantes :

- schéma de régulation,
- objectifs et indicateurs de performance,
- modes d'exploitation des indicateurs de performance et prises de décision,
- calendrier d'animation de gestion.

Exemple de modèle de gestion

Entreprise du secteur agroalimentaire

Le pilotage est surtout centré autour de la valeur et des performances économiques des marques.

a) Organisation générale et principes de régulation

L'entreprise comporte une centaine de business units regroupées en branches qui correspondent à une logique de grands produits pour l'Europe et à une logique géographique pour l'Asie et l'Amérique du Nord.

Les business units sont gérées comme des centres de profit, le résultat étant l'objectif de performance essentiel.

Le point élémentaire de reporting est la business unit. Toutefois, un responsable de branche a la possibilité d'opérer des compensations à l'intérieur de son périmètre et, de ce fait, d'équilibrer les performances d'une unité par les performances plus élevées d'une autre. L'entité de reporting fondamentale reste, cependant, la business unit.

b) Les objectifs de performance

Dans une entreprise où les responsabilités des patrons de business units, gérées comme des centres de profit, sont très opérationnelles (commercial, logistique, relation avec la grande distribution, achats locaux…) et très semblables d'une entité à l'autre, les objectifs de performance sont très normés, très réduits en nombre et essentiellement financiers.

Il s'agit pour l'essentiel du :

- chiffre d'affaires net (de remises, discount, promotion) ;
- résultat opérationnel (résultat courant avant résultat financier) ;
- résultat net comptable ;
- retour sur investissement : résultat net retraité /capitaux investis :
  - résultat net retraité : résultat net après neutralisation des éléments exceptionnels (provision pour restructuration, amortissements des survaleurs),
  - capitaux investis : actif immobilisé (hors titres de participation) et BFR* ;
- EVA (valeur économique créée), soit le résultat net diminué de la rémunération des capitaux propres et de leur coût (coût de marché) ;
- suivi de grands projets : point sur l'avancement des grands projets industriels ou de développement externe.

c) Décisions prises à l'aide des indicateurs de performance

Très normés, les indicateurs constituent le socle de l'animation de gestion de l'entreprise. Ils débouchent sur des décisions telles que :

- ajustement de la part variable de la rémunération des dirigeants,
- décision de revendre /céder certaines unités,

- adaptation de la gamme de produits offerte par telle ou telle unité,

- remise en cause du circuit de distribution.

d) Cycles d'exploitation des indicateurs de reporting

– Reporting flash mensuel (CA par grands produits et résultat opérationnel).

– Reporting « étendu » trimestriel sur l'ensemble des indicateurs avec, notamment, effort de reprévision jusqu'à la fin de l'exercice et, à pas trimestriel, jusqu'à la fin de l'exercice n + 1.

La reprévision est un exercice qui implique très fortement les responsables, tant au niveau business unit que branches, car elle suppose une bonne maîtrise de plans d'action pour corriger les trajectoires.

L'animation de gestion se fait à deux niveaux :

- direction générale – branches,

- branches – business units.

Toutefois, les deux niveaux ne sont pas étanches. La direction générale peut intervenir directement auprès des business units en liaison, bien sûr, avec le directeur de branches.

Exemple de modèle de gestion

Groupe du secteur de la chimie fine

Le pilotage est surtout axé sur la déclinaison opérationnelle de la stratégie et sur l'obtention de gains de productivité, compte tenu de la faiblesse des marges opérationnelles dans ce secteur.

a) Organisation générale

Le groupe est organisé en trois niveaux : groupe, divisions, entreprises (business units). Le point élémentaire de reporting est l'entreprise avec consolidation au niveau des divisions. Le niveau d'élaboration des stratégies est le groupe et les divisions qui correspondent à des lignes de produits.

Les principes de régulation reposent sur les entreprises gérées comme des centres de profit avec un accent fort mis sur le retour sur capitaux engagés et sur le cash. Au-delà des seuls aspects économiques, les divisions et *a fortiori* les entreprises sont tenues de s'intégrer dans le cadre stratégique défini par le groupe, et il en découle, concrètement, des plans stratégiques qui doivent être déployés à chaque niveau (groupe, division, entreprise) et traduits en plan d'actions.

Le point de reporting élémentaire vers le groupe est l'entreprise. Les divisions jouent un rôle de coordination, d'animation stratégique, de contractualisation et de suivi (reporting) des objectifs de performance assignés aux entreprises.

b) Les objectifs de performance

Ils sont de deux ordres :

- objectifs de performance économiques très « normés » au plan national ;
- objectifs découlant de plans d'action : spécifiques à chaque entreprise.

1. Objectifs de performance économique « normés » au plan national et assignés à chaque entreprise (business units)

Il s'agit d'indicateurs de gestion qui ont évolué dans le temps et reflètent une évolution. D'une préoccupation tournée vers les volumes, le groupe a évolué vers une préoccupation plus orientée vers la réduction de l'endettement .

Ces indicateurs constituent la base du reporting mensuel remontant des business units vers les divisions et des divisions vers le groupe. Il s'agit d'objectifs contraignants qui doivent donner lieu à un suivi et à des reprévisions très précis.

Figure 3.10
Indicateurs de gestion

Indicateurs retenus	Préoccupation
Chiffre d'affaires	Volume Activité
Résultat opérationnel	Rentabilité
Rentabilité des capitaux engagés – RCE	Création de valeur
Cash flow + RCE	Desserrement de la contrainte d'endettement

2. Objectifs liés à des plans d'actions

Les orientations stratégiques et les plans correspondants sont définis, sur un horizon de 5 ans, au niveau groupe et au niveau division. Ils sont ensuite déployés en plans d'actions à court terme au niveau des entreprises. Ces plans d'action sont exprimés en termes de :

- objectifs d'action stratégique (par exemple : développer une position sur un marché) ;

- leviers d'action créateurs de valeur (par exemple : augmenter la part de marché de x % sur tel ou tel grand compte) ;

- actions opérationnelles et mesure du succès de l'action (par exemple : volume de tel produit vendu sur la France...) ;

- impact de chaque action opérationnelle sur les indicateurs économiques (chiffre d'affaires, résultat opérationnel, retour sur capitaux engagés, cash flow).

Le reporting trimestriel d'avancement des plans d'action, qui se fait des entreprises (business units) vers les divisions, va porter sur le déroulement global du plan d'action :

- mise en œuvre du KVD[11]. Par exemple, augmenter les parts de marchés.

- obtention des bénéfices économiques escomptés.

---

11. KVD : Key Value Driver = levier d'action générateur de valeur.

c) Exploitation des indicateurs de performance

Les indicateurs de performance structurent le dialogue de gestion entre groupe et divisions, et entre divisions et entreprises.

Le dialogue de gestion entre groupe et divisions porte essentiellement sur les indicateurs économiques de synthèse avec un accent marqué sur les reprévisions en fins d'exercice. Il peut déboucher sur des actions structurelles fortes, par exemple, en termes de réduction de coûts, de cession d'entreprise, d'abandons de produits…

Le dialogue de gestion entre divisions et entreprises porte également sur les indicateurs économiques de synthèse, mais en premier lieu sur le déroulement des plans d'action. Notamment, il va s'intéresser à la bonne mise en œuvre des KVD (dans l'exemple précédent, il s'agissait du développement de parts de marché) et sur l'obtention des gains associés à chaque action (CA, ROI, RCE, cash flow)*.

Il débouche sur des actions correctrices et des rejalonnements éventuels, voire sur une redéfinition des actions.

d) Cycles d'exploitation des indicateurs de reporting

- Reporting mensuel pour les indicateurs économiques de synthèse tant au niveau des divisions vers le groupe qu'à celui des entreprises vers les divisions.

- Reporting trimestriel pour la revue sur les plans d'action au niveau des entreprises vers les divisions.

Nous présentons ci-après un schéma récapitulatif de la démarche de fixation et revue des plans d'actions (Figure 3.11 page suivante).

Figure 3.11 : Processus dynamique de progrès continu

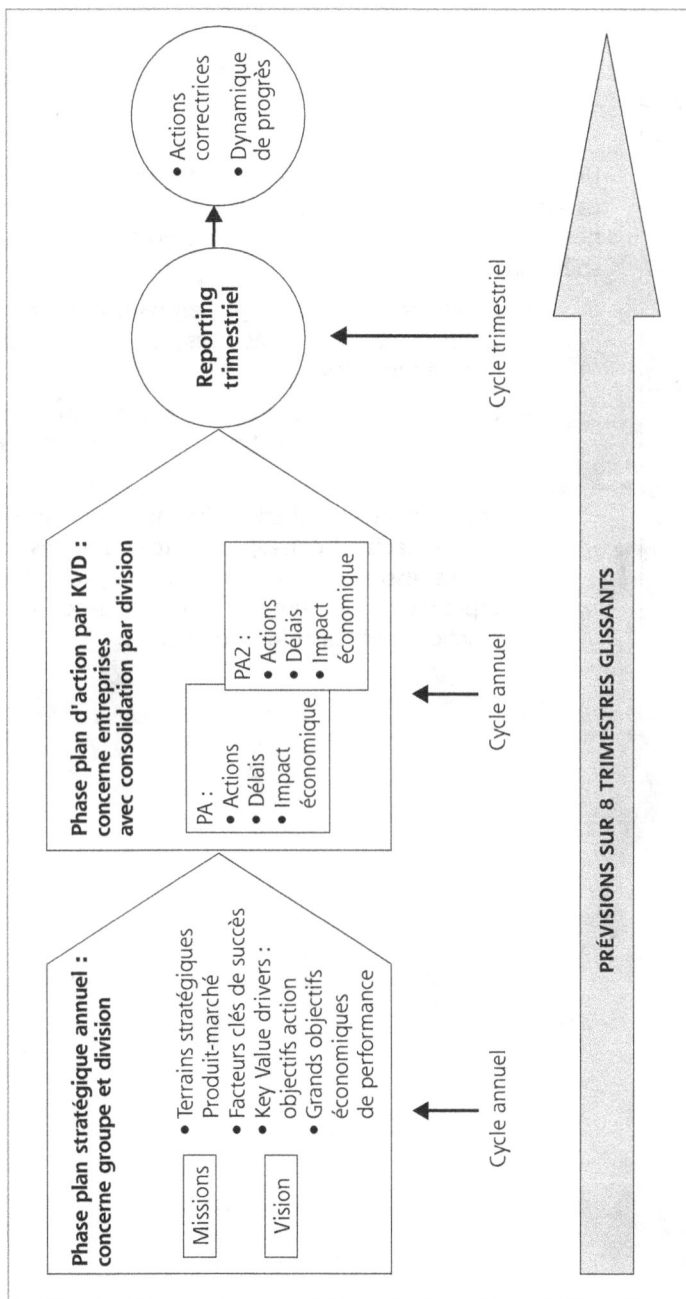

Phase plan stratégique annuel : concerne groupe et division

| Missions |
| Vision |

- Terrains stratégiques Produit-marché
- Facteurs clés de succès
- Key Value drivers : objectifs action
- Grands objectifs économiques de performance

Cycle annuel

Phase plan d'action par KVD : concerne entreprises avec consolidation par division

PA :
- Actions
- Délais
- Impact économique

PA2 :
- Actions
- Délais
- Impact économique

Cycle annuel

Reporting trimestriel

- Actions correctrices
- Dynamique de progrès

Cycle trimestriel

PRÉVISIONS SUR 8 TRIMESTRES GLISSANTS

En résumé

Une fois que sont définis le schéma de régulation et les indicateurs de mesure de la performance qui en découlent, il est nécessaire de compléter le schéma de pilotage de gestion en spécifiant :

- L'organisation du pilotage , en particulier, les entités donnant lieu à contractualisation des objectifs, et donc à reporting.

- Le calendrier d'animation de gestion, en particulier, les cycles de planification, budget et actualisation, reporting.

- Les modes d'exploitation des indicateurs et des prises de décision correspondantes ; une des composantes essentielles du modèle de gestion est la reprévision glissante, en liaison avec les plans d'action expliquant les reprévisions.

4. Les tableaux de bord favorisant la réactivité

Les développements précédents ont bien mis en évidence l'importance de la construction d'un système de pilotage rigoureusement articulé autour des orientations stratégiques. Une forte réactivité doit s'appuyer sur une culture de plan d'actions.

Pour atteindre ces objectifs, il est nécessaire de se doter d'outils, des tableaux de bord, centrés sur l'essentiel, préparant les prises de décision en faisant apparaître les dérives essentielles.

4.1 Les tableaux de bord équilibrés (balanced scorecards)

Les tableaux de bord équilibrés de type « balanced scorecards » sont des outils efficaces pour organiser le pilotage de l'entreprise et le reporting, aux différents niveaux ; qu'il s'agisse de l'ensemble de l'entreprise, de processus de centres de responsabilité ou de centres de profit.

Outre la lisibilité accrue sur les performances qu'ils fournissent, ces tableaux de bord ont l'avantage de favoriser la prise de décision dans une perspective de valorisation de l'entreprise à long terme : ils incluent des indicateurs sur les aspects immatériels valorisant l'entreprise, innovation et apprentissage notamment.

Les indicateurs de performance sont en général structurés dans des tableaux de bord équilibrés autour des quatre préoccupations suivantes :

1. Préoccupation des apporteurs de capitaux : les capitaux engagés offrent-ils une rentabilité suffisante ?

2. Préoccupation des clients : le niveau des services et produits offerts correspond-il aux attentes des clients ?

3. Préoccupation des décideurs internes : sur quels processus faut-il exceller pour satisfaire les clients et selon quels critères ?

4. Préoccupation sur l'évolution de l'entreprise à long terme : l'entreprise maintient-elle un niveau de compétence et une capacité d'innovation garants de son développement à moyen terme ? (figure 3.12).

Figure 3.12
Structuration classique des indicateurs de performance par perspective

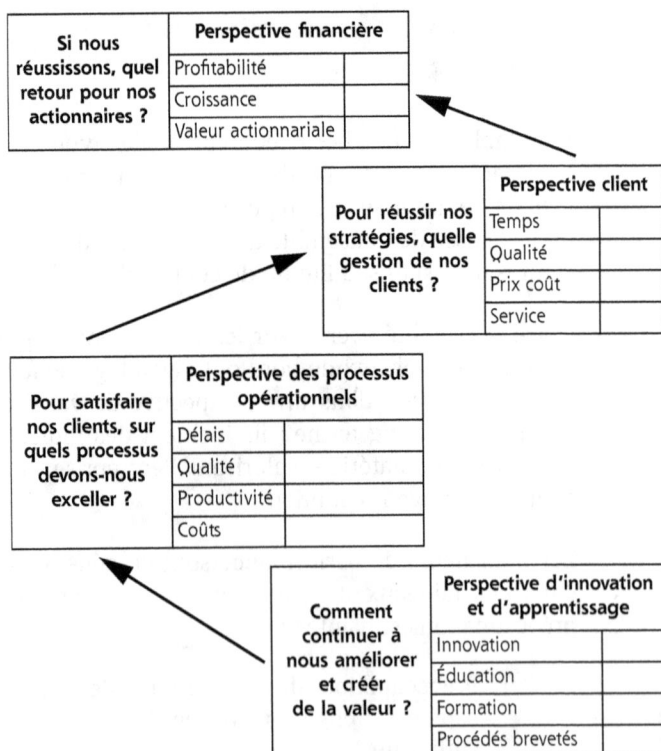

Si nous réussissons, quel retour pour nos actionnaires ?	Perspective financière	
	Profitabilité	
	Croissance	
	Valeur actionnariale	

Pour réussir nos stratégies, quelle gestion de nos clients ?	Perspective client	
	Temps	
	Qualité	
	Prix coût	
	Service	

Pour satisfaire nos clients, sur quels processus devons-nous exceller ?	Perspective des processus opérationnels	
	Délais	
	Qualité	
	Productivité	
	Coûts	

Comment continuer à nous améliorer et créér de la valeur ?	Perspective d'innovation et d'apprentissage	
	Innovation	
	Éducation	
	Formation	
	Procédés brevetés	

Le dialogue de gestion entre deux niveaux de l'organisation tourne toujours autour de ces quatre préoccupations.

Cette structure de « reporting » correspond à un tableau « synoptique » général applicable tant à l'animation de gestion entre une tête de groupe et ses divisions qu'à des niveaux inférieurs : entre des divisions et des business units, entre des business units et des départements ou des responsables de processus à l'intérieur de ces business units.

D'un niveau à l'autre, les indicateurs différeront en fonction du périmètre de responsabilités de chaque niveau. Ils devront, néanmoins, rester totalement cohérents entre eux.

a) Perspective financière

Les indicateurs dans ce domaine sont assez « classiques » et correspondent, soit à des indicateurs couramment utilisés par les apporteurs de capitaux, soit à des indicateurs de résultats pour des centres de profit en général (figure 3.13 page suivante).

Figure 3.13
Exemple de perspective financière
selon les entités de gestion

Concerne :	Ratios « classiquement utilisés »	Définition des ratios
Groupe de sociétés faisant appel au marché des capitaux	Le retour sur fonds propres (ROE*)	**Résultat économique** Fonds propres
Business unit gérée comme un centre de profit	Le retour sur capitaux employés (ROA ou ROCE)*	**Résultat économique** Capitaux employés (hors actifs incorporels)
Groupe ou société	Le retour sur investissements (ROI)*	**Résultat économique** Tous actifs (y compris incorporels)
Business unit gérée comme centre de profits, mais aussi tous projets d'investissement dans un centre de responsabilité	Le cash flow actualisé	Cash flow* actualisé au coût moyen* pondéré des capitaux
Business unit gérée comme centre de profits	Le résultat économique	Résultat courant après impôts + retraitements (réintégration de l'amortissement du goodwill, des impôts différés, des provisions à caractère de réserves...)

Ces ratios doivent être exploités de manière différente selon le niveau auquel ils s'adressent :

- Au niveau d'un groupe ou d'une société faisant appel au marché des capitaux, à l'intérieur d'un groupe, il est pertinent de parler de retour sur fonds propres (ROE*), dans la mesure où la rémunération correcte des capitaux apportés par l'actionnaire conditionne la possibilité pour l'entreprise de faire appel au marché, donc de croître.

- Au niveau d'une business unit, gérée comme un centre de profit mais ne maîtrisant pas la structure de financement, la notion de ROE* n'a pas de sens. Il faut alors parler de retour sur capitaux employés (ROCE ou ROA en anglais)*.

La notion de résultat « économique » n'a de sens qu'au niveau d'une entité gérée réellement comme un centre de profits, et donc maîtrisant les différentes composantes du résultat.

Il convient néanmoins de sensibiliser les départements qui ne sont pas des « centres de profit » aux différentes composantes de la performance économique, au travers de leur contribution aux résultats ou leur consommations de capitaux.

Il s'agit de définir une mesure de contribution de chaque entité, à l'intérieur de l'entreprise, à la création de valeur d'ensemble. D'où la représentation usuelle sous forme « d'arbre de création de valeur » (Figure 3.14 page suivante).

Cet arbre, très classique, doit être adapté aux spécificités de chaque entreprise. Par exemple, la notion de retour sur fonds propres n'a de sens que dans une société juridiquement indépendante et maîtrisant le coût et la structure de son financement.

En fonction de la spécificité de ses opérations, chaque société peut définir les domaines les plus urgents dans lesquels elle souhaite faire porter l'effort.

Par exemple, dans une société de crédit à la consommation, les principaux indicateurs de « création de valeur » ont trait à :

- Taux consentis par rapport au taux de référence bancaire ⇒ marge bénéficiaire.

- Encours d'échéances en dépassement par rapport aux dates d'échéances normales ⇒ immobilisation de BFR*.

Figure 3.14 : Arbre de création de valeur

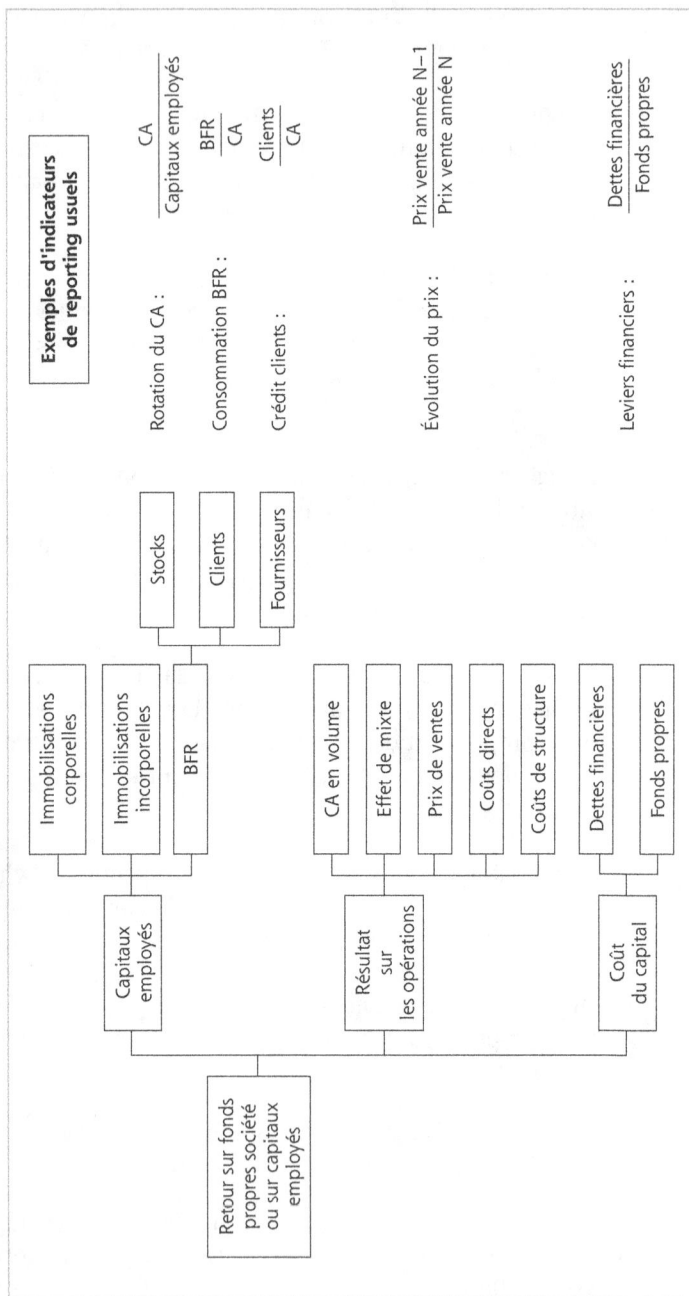

Exemples d'indicateurs de reporting usuels

Rotation du CA : $\dfrac{CA}{\text{Capitaux employés}}$

Consommation BFR : $\dfrac{BFR}{CA}$

Crédit clients : $\dfrac{Clients}{CA}$

Évolution du prix : $\dfrac{\text{Prix vente année N–1}}{\text{Prix vente année N}}$

Leviers financiers : $\dfrac{\text{Dettes financières}}{\text{Fonds propres}}$

Stocks

Clients

Fournisseurs

Immobilisations corporelles

Immobilisations incorporelles

BFR

CA en volume

Effet de mixte

Prix de ventes

Coûts directs

Coûts de structure

Dettes financières

Fonds propres

Capitaux employés

Résultat sur les opérations

Coût du capital

Retour sur fonds propres société ou sur capitaux employés

Exemple de perspective financière

Groupe de mécanique lourde

Un groupe de mécanique lourde avait entamé une démarche de sensibilisation forte à la création de valeur, notamment sous l'angle de la consommation de capitaux.

La démarche était délicate en raison de la difficulté d'allouer les outils de production communs à plusieurs lignes de produit.

La démarche reposait sur deux actions essentielles :

- Le suivi du ROCE* comme indicateur usuel de reporting des centres de profit vers la tête de groupe : cet indicateur était bien compris par les responsables opérationnels comme mesure pertinente de la rentabilité.

- La restructuration du groupe en centres de profits autonomes : le groupe, dans son ensemble, comportait 20 à 25 unités de profit ; les centres de profit ont été définis avec une double caractéristique de produits et de marché.

  Dans un contexte de cycle de production long, l'objectif était de mobiliser les acteurs sur le niveau de capitaux employés en termes d'outils de production et de stock annexes, ainsi que sur l'ensemble des coûts (coûts de production, coûts commerciaux…). Il était nécessaire de descendre au niveau des filières marchés produits pour l'allocation des coûts par produits et des capitaux employés.

  Les bénéfices escomptés étaient une meilleure utilisation des outils et des actifs annexes (par exemple des stocks de pièces de rechange) et un meilleur contrôle des coûts et marges.

Les difficultés rencontrées dans cet exercice étaient de deux ordres :

- La valorisation d'outils complexes exigeant des coûts de maintenance importants ; pour cela, il a été calculé un « coût de possession » correspondant à la valeur actualisée de dépenses de remise en état des outils.

- La répartition des outils communs à plusieurs lignes de produit ; pour cela, il a été défini des clés de répartition les plus rationnelles possibles (par exemple : taux d'utilisation des outils), mais comportant toujours une dose d'arbitraire.

b) Perspective client

Selon la perspective « client », les indicateurs de reporting vont être orientés vers la création de valeur client à long terme, paramètre essentiel pour la pérennité de l'entreprise.

La difficulté, à cet égard, est de définir un nombre suffisamment réduit d'indicateurs de « résultat » pour pouvoir fournir une visibilité d'ensemble, sans pour autant descendre au niveau d'un « faisceau » d'indicateurs qui relèvent du pilotage opérationnel.

Par définition, il s'agira d'indicateurs adaptés au contexte stratégique propre à chaque entreprise, qu'il s'agisse de concurrence, de spécificités métier, de structure de la clientèle. Il faudra également que ces indicateurs « de reporting » soient incontestables quant à leur définition et à leur mesure.

Exemple de perspective client

Entreprise du secteur high-tech télécom

Pour cette entreprise, les facteurs clés de succès les plus importants ont trait à :

- l'innovation ;
- la maîtrise de l'évolution du comportement et des besoins des clients, et notamment la gestion des grands comptes ;
- un fichier « clients » de grand volume ;
- la qualité du service après-vente.

Cette entreprise a longuement réfléchi sur les indicateurs de reporting à retenir pour la perspective client. Il s'agissait de retenir les deux ou trois indicateurs mesurant, vraiment, les « résultats » de la gestion « clients », et non pas de points d'avancement sur des actions en cours.

Après débat entre direction générale, responsables de BU, responsables commerciaux, les indicateurs suivants ont été retenus :

Figure 3.15
Indicateurs retenus pour la perspective client

Performance mesurée	Indicateurs
Image d'innovation perçue par les clients	Part de marché des nouveaux produits (< 6 mois) et services
Anticipation des « besoins » et du comportement des clients	Taux de consultation par les clients avant achat
Qualité du service après-vente	Nombre de litiges Indicateurs de satisfaction client

Il s'agit d'indicateurs de résultats. L'atteinte de ces résultats passe par la mise en œuvre de moyens, du ressort des responsables opérationnels, commerciaux notamment, qui n'ont pas à figurer dans un « reporting » sur la performance.

Pour le suivi de la mise en œuvre des moyens, ils disposent d'indicateurs de suivi de service, de suivi des délais, de suivi de grands comptes... Il est essentiel, à des fins d'efficacité et de bonne répartition des responsabilités, de faire la différence entre indicateurs de moyens et indicateurs de résultats. Dans le cas contraire le risque est que la direction générale se mêle, sans avoir les données détaillées, de décisions opérationnelles.

c) Perspective processus internes

La difficulté en matière de processus internes, c'est le choix du bon niveau d'analyse car il s'agit, par définition, de processus opérationnels pilotés au quotidien. Les indicateurs de reporting devront fournir une évaluation sur une performance d'ensemble par rapport à des enjeux stratégiques clés et sur une période de temps suffisamment longue (mois, semestre...).

Exemple de perspective processus internes

Division d'un groupe automobile

Cette division est en charge des achats et approvisionnements pour l'ensemble des matières et composants dont le groupe a besoin.

Les objectifs stratégiques du groupe, appliqués à la division achats et approvisionnement, ont trait à :

- une meilleure maîtrise des délais d'approvisionnement,
- une plus grande fiabilité dans la qualité des composants,
- une plus grande fiabilité du contrôle qualité à l'entrée.

Pour le reporting auprès de la direction générale, les indicateurs retenus ont été les suivants :

- Indicateurs de respect des délais de livraison.
- Indicateur de qualité des composants livrés en production (taux de retour).

- Respect des budgets de prix par famille de composants. Sur ce point particulier, il s'agit de respecter une enveloppe de prix, et non de chercher systématiquement à réduire les prix aux dépens d'autres objectifs de coûts et qualité.

Figure 3.16
Exemple industrie automobile
Tableau de bord de synthèse,
activités achat, approvisionnements

Synthèse financière		
	Réel	Budget
• Volume • Coût • Sommes		

Vision client		
	Réel	Budget
• Défauts par voiture* • Délai de livraison*		

* Suite à problème de composants

Apprentissage de l'organisation
• Coût des modifications –   composants • Nombre de modifications • Absentéisme

Processus approvisionnement		
	Réel	Budget

• Défauts par voiture
• Non-qualité
• Défauts par composants
• Délai cause défauts
  composants
• Coûts par voiture
• Coût montage cause
  approvisionnement		

Montage		
	Réel	Budget

• Défauts par voiture*
• Non-qualité*
• Pertes composants
• Délai cause défauts
  composants
• Coût par voiture
  composants		

* Suite à problème de composants

En conclusion, les indicateurs de reporting permettent de suivre des objectifs contractualisés entre niveaux de l'organisation. Ils doivent porter sur des résultats à atteindre, définis et facilement mesurables.

L'animation de gestion autour des indicateurs de reporting présente les caractéristiques suivantes :

- Objective, elle repose sur des indicateurs définis par les deux parties et dont la mesure ne peut être remise en cause.

- Réactive, elle a pour objectif, au-delà du constat, de déboucher sur des plans d'action permettant des corrections de trajectoire.

d) Perspective d'innovation et apprentissage

Les indicateurs dans ce domaine portent sur la capacité de l'entreprise à se développer dans la durée. Il s'agit, en général, d'indicateurs sur la recherche et développement, sur la capacité à innover, sur les compétences.

Exemple de tableaux de bord

Faurecia

Faurecia est l'exemple d'un groupe « technicien » dont l'actionnariat (PSA) a été récemment remanié. Le groupe est soumis à une très forte pression en raison de l'exigence de constructeurs qui réclament des ajustements de prix constants, de l'ordre de 2 à 3 % par an, et de la nécessité de maintenir, néanmoins, une rentabilité suffisante.

Au plan des métiers, une caractéristique importante est celle de la longueur des cycles et de l'importance des investissements dans une perspective « clients ». Le groupe investit dans des outils, par exemple des modèles de sièges pour un constructeur automobile, qui auront une durée de vie économique de quelques années et représentent une immobilisation de capitaux importants.

Compte tenu de la problématique générale de l'entreprise, les indicateurs de performance et le reporting vont essentiellement porter sur les thèmes suivants :

Perspective financière

- Consommation de capitaux et immobilisation sur des projets à long terme. Le suivi des capitaux employés prend, à cet égard, tout son sens notamment lorsque rapporté aux résultats. L'indicateur de ROCE* est déployé au niveau des business groups et prend tout son sens à ce niveau, car c'est là que sont décidés les investissements.

- Pilotage du cash et des besoins en fonds de roulement. Les stocks sont ventilés et pilotés par business group (correspondant en général à une grande famille de produits, par exemple les sièges) et divisions (correspondant en général à un constructeur). Les autres éléments, notamment les comptes clients, sont difficilement ventilables compte tenu de l'appartenance multiple de comptes clients à différentes divisions et autant de business groups. Une tentative de ventilation du cash par division est, cependant, en cours avec une volonté de sensibiliser les responsables de division sur leur consommation.

- Résultat courant par rapport au chiffre d'affaires (operating income /CA). Il s'agit de mesurer le maintien des marges bénéficiaires qui, en liaison avec la consommation de capitaux, va impacter le ROCE*.

- Compte de résultat analytique d'ensemble par business group / division (coûts par fonction G&A[12], R&D, frais production, marge sur coûts variables, gross margin (marge brute), EBIT*...).

Les trois préoccupations précédentes constituent la trame du reporting de Faurecia, le niveau de suivi élémentaire étant la division. Les divisions sont elles-mêmes regroupées en business groups. Les indicateurs de reporting sont en nombre réduit, correspondant aux préoccupations suivantes :

- Avancements de projets d'investissement en coûts et délais

- Prise d'affaires nouvelles

- Capitaux employés* – ROCE*

- EBIT* – EBITDA*

- Cash*.

---

12. General & administrative : frais généraux administratifs.

Perspective processus internes

Les indicateurs financiers ci-dessus, ne peuvent suffire à piloter opérationnellement le groupe, notamment au niveau des usines, à l'intérieur des divisions. C'est à cette fin que les entités opérationnelles se sont dotées de systèmes de pilotage cohérents avec la stratégie.

- Au niveau des usines :
  - Contrôle des coûts et accent sur la productivité
    - rendement matière,
    - rendement main-d'œuvre,
    - productivité,
    - prix des facteurs,
    - etc.
  - Qualité

Perspective Innovation et apprentissage

Au niveau groupe et divisions :

- Recherche & développement – suivi des grands projets d'études.
- Ressources humaines – turn-over, temps de recrutement des fonctions critiques.
- Marketing – frais de démarrage /continuation de programmes.
- Programmes en développement (développement de nouveaux produits). Évolution de la rentabilité par rapport au business plan.
- Revue préalable des investissements sur affaires, notamment sous l'angle de la rentabilité prévisionnelle et de la sensibilité à des hypothèses de prix et de coûts.

4.2 Les tableaux de bord opérationnels

Il est nécessaire de distinguer clairement indicateurs de reporting et indicateurs de pilotage opérationnel. Les indicateurs de reporting sont davantage des indicateurs de performance que des indicateurs de pilotage opérationnel permettant un suivi des plans d'action nécessaires à l'atteinte des résultats.

Les indicateurs opérationnels doivent être définis au niveau de chaque processus et exploités par les opérationnels, à une fréquence plus élevée que les indicateurs de résultat. Ils ne doivent pas, à notre sens, faire l'objet d'un engagement contractuel et donner lieu à un reporting.

Exemple de tableaux de bord opérationnels

Entreprise de services industriels à réseau

Cette entreprise fait très nettement la différence entre indicateurs de résultat et indicateurs de pilotage opérationnel. Au niveau des directions régionales, les indicateurs de résultat qui alimentent le reporting sont en nombre extrêmement réduit et reflètent des performances de synthèse en matière de :

- Coûts /productivité et donc profitabilité, sachant que les tarifs sont définis à l'échelle nationale.
  - – indicateur de performance = coût de la prestation standard de référence.

- Création de valeur « client » : service, innovation, qualité…
  - – indicateurs de performance : niveau de service mesuré par des enquêtes externes, délai d'intervention…

- Ressources humaines : compétences, turn-over, satisfaction…
  - – indicateurs de performance : indices de compétence, turn-over.

Afin de définir, au plan opérationnel, les indicateurs de pilotage adaptés, cette entreprise a décliné sur les principaux processus de l'entreprise les objectifs stratégiques qui ont été traduits en enjeux opérationnels puis en indicateurs de pilotage.

Nous reprenons, ci-après, l'exemple de la déclinaison de l'objectif stratégique, « amélioration de la satisfaction de la clientèle », sur le processus « service à la clientèle courante » au niveau de chacune des directions régionales (Figure 3.17).

Figure 3.17
Tableau de bord de pilotage opérationnel
« amélioration de la satisfaction client »

Levier d'action	Indicateurs de pilotage opérationnel	Pistes de progrès
Améliorer l'exploitation des enquêtes de satisfaction clientèle	• Indice externe de satisfaction clientèle • Indice interne de satisfaction clientèle	
Améliorer l'efficacité du marketing opérationnel par une segmentation de la clientèle	• Nombre de mailings • Pourcentage de réussite par mailings • Croissance du chiffre d'affaires par segment	• Plan d'action actualisé par typologie de clientèle • Suivi de l'efficacité des mailings par nature et par segment.
Exploiter le traitement des réclamations clientèle	• Nombre de réclamations courrier par nature	Identifier les points de progrès : • Action de fond (organisation /performance) • Gestion d'affaires sur réclamation validée
Agir sur les différentes composantes maîtrisables du délai d'intégration	• Nombre d'intégrations • Délai d'intégration (du devis à la mise en service) • Délai de réalisation des études (RDV + délai envoi devis...) • Nombre de modifications des protocoles d'intégration	• Clarifier le délai • Améliorer l'exploitation de l'échéancier électronique d'intégration • Clarifier les priorités entre intégration et autres activités des équipes techniques
Optimiser le contenu des tournées des équipes techniques	• Nombre de petites interventions /équipes / tournées	• Ajuster le niveau de découpage des tournées en fonction des charges réelles • Améliorer l'évaluation des charges prévisionnelles de chaque rendez-vous

Dans cette entreprise, la définition des indicateurs de pilotage opérationnel exige une analyse très détaillée des processus pour pouvoir identifier les leviers opérationnels permettant une maîtrise des marges de progrès.

Exemple de tableaux de bord opérationnels

Entreprise de crédit à la consommation

Cette entreprise a procédé à un effort important de clarification de ses objectifs stratégiques et de déclinaison de ces objectifs sur des processus opérationnels.

La société est organisée en divisions qui correspondent aux différentes lignes de produits du groupe (assurances, crédits à la consommation, épargne, pour l'essentiel).

Les objectifs stratégiques de cette entreprise sont résumés comme suit :

- Augmenter l'apport d'affaires sur clients d'autres sociétés du groupe (clients « référés ») :
  - indicateur de performance : chiffre d'affaires « référé ».

- Coordonner la gestion des comptes clients éclatée, à ce jour, entre les différentes divisions :
  - indicateur de performances : « doublons dans les fichiers ».

- Optimiser en termes de « contribution au résultat économique » l'arbitrage entre risque et acquisition de clientèles :
  - indicateur de performances : sensibilité du résultat économique, à l'évolution du score de risque.

- Accroître l'efficacité du processus de recouvrement (coûts /délais) :
  - indicateur de performance : % d'incidents régularisés de manière amiable.

- Accroître la valeur apportée à la clientèle au travers d'un enrichissement de la gamme de produit :
  - indicateur de performance : part des nouveaux produits dans la marge sur coûts directs.

Nous reprenons, ci-après, les exemples des objectifs stratégiques « optimisation de la gestion des comptes clients » et « apport d'affaires sur clients d'autres sociétés du groupe ». Ces objectifs ont été déclinés sur le processus « acquisition de clientèle ».

Figure 3.18
« Tableau de bord de pilotage
de la gestion des comptes clients »

Leviers d'action	Indicateurs de pilotage opérationnel	Pistes de progrès
Unifier les bases de données commerciales inter-divisions et inter-sociétés	• Nombre de doublons • CA sur clients « référés » par d'autres divisions et d'autres sociétés • Taux d'intégration des bases de données	• Introduire un référentiel client unique avec les identifiants « groupe » complets • Interdire l'enregistrement de transactions sur des comptes non référencés
Intéressement des commerciaux des autres sociétés et autres divisions aux résultats	• Chiffre d'affaires apporté par les commerciaux d'autres divisions et autres sociétés • Part de la rémunération des commerciaux liée à l'apport croisé de CA	Former les commerciaux à l'offre des autres sociétés et autres divisions

Pour la même entreprise, nous reprenons les exemples de l'objectif stratégique « arbitrage entre risque et acquisition de clientèle », décliné sur le processus « acquisition de clientèle ».

Figure 3.19
« Arbitrage entre risque et acquisition de clientèle »

Leviers d'action	Indicateurs de pilotage opérationnel	Pistes de progrès
Amélioration de la fiabilité du scoring (capacité prédictive des pertes...)[a]	• Comparaison pertes escomptées / pertes réelles • Comparaison incidents de paiement escomptés 1re année /incidents réels • Comparaison CA réalisé au niveau de score accepté /CA prévu	• Remise en cause systématique des paramètres • Bilans des pertes intermédiaires en cours d'année
Renforcement de l'efficacité du recouvrement amiable au travers d'un renforcement des ressources humaines et logicielles	• % incidents de paiement régularisés dans le mois suivant l'incident • % de premiers incidents donnant lieu à accords de paiement dans le mois suivant l'incident • % d'accords de paiement respectés au cours des derniers mois	• Renforcement du professionnalisme des agents de recouvrement • Installation de progiciels de gestion de scenarii

a. Une détérioration du taux de perte ne peut en effet être détectée, compte tenu des délais de recouvrement, qu'une année environ après un incident. Il est donc plus difficile de maîtriser, en temps réel, l'impact de l'utilisation de tel ou tel levier opérationnel.

La principale difficulté pour définir les indicateurs de pilotage dans cette entreprise réside dans les délais de latence entre une décision opérationnelle et son impact sur un indicateur.

Par exemple, un abaissement du seuil d'acceptation des risques se traduit à court terme par une augmentation du chiffre d'affaires et seulement au bout de 12 à 18 mois par une augmentation des créances irrécouvrables.

En résumé

Pour être pleinement efficaces, les tableaux de bord doivent faciliter l'anticipation et la réactivité au travers de la construction et du suivi de plans d'action. A cet égard, il convient de distinguer les tableaux de bord de pilotage stratégique d'ensemble (par exemple : balanced scorecards) des tableaux de bord opérationnels de suivi de moyens.

Les tableaux de bord équilibrés (balanced scorecards) fournissent un éclairage sur les corrélations des performances entre plusieurs axes :

- perspective financière,
- perspective clients,
- perspective des processus opérationnels,
- perspective innovation et apprentissage organisationnel.

Chapitre 4

Adapter le contrôle de gestion aux situations impliquant des ruptures fortes

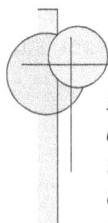

Les chapitres précédents ont clairement fait ressortir que le contrôle de gestion n'est pas un ensemble de règles mécaniques figées mais une dynamique, à la fois rigoureuse et souple, qui doit s'adapter au contexte propre à chaque entreprise.

Nous avons évoqué l'importance du contexte culturel. Il est également d'autres contextes qui vont avoir un impact sur les modalités de pilotage, à savoir les situations de rupture forte : par rapport à un contexte économique (crise), par rapport à une organisation existante (fusion, absorption, croissance rapide).

Nous traiterons, dans ce chapitre, en nous appuyant sur des exemples, quelques cas qui sont représentatifs des adaptations nécessaires.

Nous avons identifié cinq cas de rupture forte :

- **Crise économique.** Le secteur dans lequel opère l'entreprise est en crise. La situation économique de l'entreprise est fortement dégradée ; sa survie est menacée.

- **Redressement d'entreprise.** La survie de l'entreprise n'est pas menacée à court terme. Des actions structurées et échelonnées de redressement sont en cours.

- **Fusion.** La fusion de deux entités anciennement indépendantes débouche sur une nouvelle entité et donc un nouveau modèle de gestion.

- **Acquisition.** A la différence du cas précédent, il s'agit d'intégrer dans le modèle de gestion de la société « acquéreuse », la société achetée.

- **Croissance rapide.**

Pour trois de ces cas de figure (crise économique grave, redressement, croissance rapide), en nous appuyant sur des exemples, nous chercherons à définir :

- Les types d'actions nécessaires pour que l'entreprise s'adapte.
- L'évolution résultant du système de pilotage des performances et des opérations.
- Les méthodes et le rôle du contrôle de gestion .

1. La crise économique

Il s'agit d'une situation dans laquelle la survie de l'entreprise est clairement en jeu. L'entreprise va être confrontée à un double challenge :

- mettre en œuvre immédiatement les mesures susceptibles de restaurer la profitabilité à court terme ;
- insérer ces mesures dans un schéma de repositionnement stratégique capable d'assurer le développement de l'entreprise à long terme.

1.1 Mettre en œuvre immédiatement les mesures susceptibles de restaurer la profitabilité à court terme

Il s'agit en général de mesures qui visent à restaurer :

- la capacité bénéficiaire de l'entreprise, reflétée par une amélioration de sa marge opérationnelle,
- la solidité financière de l'entreprise au travers d'une action sur le cash et de la réduction de l'endettement.

Les mesures qui vont être prises, de façon typique, vont porter, en général, sur :

- La réduction des frais généraux et, d'une manière générale, de tous les coûts indirects sans liaison avec le chiffre d'affaires : coûts administratifs, achats généraux, sociétés de services et de conseils, coûts des infrastructures (loyers...).
- Le recentrage de la gamme de produits sur les produits « profitables... » et faisant partie du « cœur de métier » de l'entreprise. Ce recentrage s'accompagne d'actions en matière d'adaptation des structures.
- La restauration du « cash de l'entreprise ». Les leviers d'action concernent en général :

- les encours et stocks,
- les clients,
- la gestion des acomptes.

Dans un tel contexte, les indicateurs de pilotage et de suivi des performances doivent être revus puisqu'il s'agit de faire face à une situation d'urgence. En matière de suivi de performances, les tableaux de reporting présentent les caractéristiques suivantes : synthétiques et très rapidement lisibles, ils doivent focaliser l'attention des responsables de l'entreprise sur 3 ou 4 objectifs clés et non pas disperser leur attention sur des objectifs secondaires.

Exemple de crise économique

Groupe de mécanique lourde

Un plan de restructuration a porté sur les axes suivants :

- Réduire au maximum les effectifs des fonctions support et les coûts indirects sans pour autant mettre en cause la qualité des services et produits.

- Alléger la dette financière en se focalisant sur la réduction des besoins de fonds de roulement et sur la maîtrise des emplois de capitaux à long terme (meilleure maîtrise des investissements et de l'utilisation des capitaux).

- Supprimer les foyers de pertes et réaménager en conséquence le portefeuille de produits autour d'une gamme restreinte et génératrice de cash flows. Restructurer l'entreprise autour des lignes de produits concernées (ce point relevait d'une réflexion stratégique à moyen terme qui est développée dans le paragraphe 1.2 ci-après).

- Mettre l'accent sur la profitabilité des opérations commerciales au travers d'un suivi très précis des affaires s'imposait donc.

Face à ces enjeux et aux urgences, le groupe a totalement réaménagé son système de pilotage des performances autour des indicateurs suivants :

Indicateurs économiques :	• résultat courant et résultat net, • retour sur capitaux employés, • évolution des BFR.
Indicateurs commerciaux :	• volume d'affaires (CA par produits), • marge commerciale et marge sur affaires pour les plus gros contrats.
Frais de structure :	• coût global et coût ramené au niveau d'activité CA.
Provisions pour restructuration :	• suivi du coût des restructurations.
Mobilisation des capitaux à long terme :	• suivi des taux d'utilisation des équipements, • évolution de l'endettement net.

Le nombre réduit d'indicateurs a permis un dialogue de gestion entre groupe et divisions ou filiales concentré sur des actions de progrès concrètes, mesurables et bien comprises par tous.

Le contrôle de gestion, à tous les niveaux (groupe, entreprises, départements), a joué un double rôle essentiel : force de proposition pour la construction de tableaux de bord et soutien aux managers pour le dialogue de gestion, notamment pour la construction des plans d'action.

Exemple de crise économique

Société du secteur de la chimie de spécialité

Une société européenne dans le secteur de la chimie de spécialité a connu une situation difficile, caractérisée par une diminution forte des résultats et un endettement élevé la mettant dans une position de négociation peu favorable vis-à-vis de financeurs externes générant des taux d'intérêts élevés.

Face à ces enjeux, la société a décidé d'adapter ses indicateurs de performance pour permettre un suivi du cash et des résultats opérationnels par business unit (une business unit correspondant en général à une ligne de produits gérée en centre de profits).

Figure 4.1
Évolution des indicateurs de performance

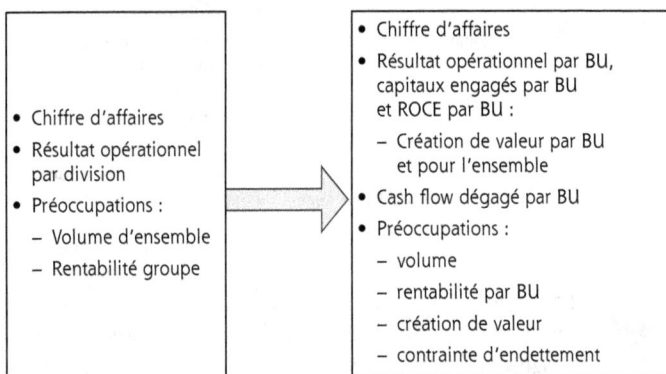

a) Évolution du système de suivi des performances

L'évolution majeure du système de suivi des performances dans ce groupe a porté sur :

- L'éclatement plus fin par BU (correspondant à des lignes de produit) du résultat opérationnel, ce qui a permis un suivi plus fin des contributions.

- La mesure de la consommation de capitaux employés par BU et donc celle de la création de valeur :
  - Capitaux employés
  - ROCE*

- La mesure du cash par BU et donc la responsabilisation, à un niveau très décentralisé de l'endettement.

Il est souvent difficile dans les groupes de ventiler la consommation de cash par BU :

- Périmètres juridiques non alignés avec les périmètres de gestion (BU).

- Difficulté à répartir les encaissements ou encours des clients communs.

- Difficulté à répartir les opérations sur financements communs.
- Difficulté à répartir les stocks communs.

L'approche retenue a consisté à définir des clés de répartition qui soient plus pertinentes.

b) Détail des indicateurs

Pour le groupe mentionné en référence, le détail du calcul des indicateurs par BU est le suivant :

1. Cash flow[13] opérationnel

Résultat opérationnel (EBIT*)

- \+ Amortissement
- − Frais financiers forfaités
- − Impôts forfaités
- \+ Dividendes des sociétés non consolidées
- − Variation BFR* hors effet de périmètre et de charge
- − Dépenses d'investissements

= **Cash flow* opérationnel**

2. ROCE[14]

$$\frac{\text{Résultat « économique »}}{\text{Capitaux employés}}$$

Résultat économique = EBIT* − impôts forfaités

3. Résultat opérationnel :

= EBIT* = Résultat d'exploitation*

L'élargissement du nombre d'indicateurs de performance à des indicateurs de cash a considérablement fait évoluer la culture de gestion des managers de « business units », qui ont intégré dans leurs décisions et préoccupations la consommation de capitaux.

---

13. Définition propre au groupe.
14. La définition de l'entreprise citée diffère un peu de la définition générique. Cf. glossaire.

C'est ainsi que le BFR* est devenu un élément clé du pilotage opérationnel.

1.2 Insérer ces mesures dans un schéma de repositionnement stratégique

Les mesures d'urgence de restauration de la profitabilité portent très souvent sur les deux axes « réduction des coûts » (frais généraux, notamment) et trésorerie. A très court terme, ces mesures permettent de tenir bon, voire de restaurer la confiance des tiers dans la mesure où le patrimoine de l'entreprise semble, pour un temps, hors d'eau.

En revanche, elles ne constituent nullement une réponse à moyen terme. En général il est indispensables de repositionner l'entreprise sur des domaines stratégiques et sur des axes de développement, créateurs de valeur. Sinon, on encourt le risque que, dans le feu de l'action, toutes les énergies soient concentrées sur des actions de survie à court terme. On en oublie l'essentiel. Comment assurer le développement à moyen terme, à partir d'une réflexion concrète sur les métiers, les produits, les marchés et les capacités d'innovation ?

Dans l'exemple cité plus haut (paragraphe 1.1), une réflexion approfondie a été conduite sur les métiers et les produits que l'entreprise devait développer sur les quatre années à venir. Cette analyse a débouché sur un recentrage sur deux familles de produits : les travaux d'ingénierie pour lesquels l'entreprise disposait d'une base suffisamment solide et les produits de mécanique centrés sur l'énergie.

Sur ces deux familles de produits, les potentialités de marge étaient élevées et l'entreprise disposait d'une forte compétence métier et d'une image de qualité. De plus, les compétences pour innover existaient et permettaient de lancer des programmes de recherche et développement consolidant la position du groupe sur ces créneaux.

Dans ces travaux de repositionnement stratégique, le contrôle de gestion a joué un rôle fondamental de validation de la cohérence des hypothèses et des projections économiques. Il a notamment fait ressortir les contraintes relatives à la rareté des ressources pour le choix des axes de développement et, de ce fait, a largement contribué à la rigueur dans le repositionnement.

2. La fusion

Le terme de « fusion » recouvre des réalités foncièrement différentes. En théorie, il s'agit de créer une valeur pour la nouvelle entité supérieure à l'addition des deux valeurs individuelles ; ceci grâce à la mise en œuvre d'une nouvelle stratégie et de synergies résultant de la mise en commun des moyens.

La fusion se traduit par une mutation culturelle de chacune des deux parties, dans la mesure où il y a création d'une nouvelle entité. Elle diffère, en ce sens, d'une absorption. Dans ce cas, l'entreprise « impose » sa culture à la société absorbée. Dans les faits, la très grande majorité des fusions sont des absorptions déguisées.

Une fusion se traduit par une redéfinition de la stratégie globale de l'ensemble fusionné, par une modification en profondeur des principes de régulation et du modèle de gestion de l'entreprise. En pratique, il faut redéfinir :

- Le cadre stratégique (facteurs clés de succès, enjeux de performance).

- Le modèle de gestion : quel est le nouveau cadre de pilotage ? Quels sont les nouveaux indicateurs de performance ? Quels sont les nouveaux cycles de gestion ? Comment sont exploités les nouveaux indicateurs de performance et comment est organisée la nouvelle filière contrôle de gestion ?

Une fusion suppose donc un effort de réflexion stratégique préalable à un niveau de détail suffisant pour redéfinir en aval un modèle de gestion nouveau par rapport à l'existant. Dans la pratique, et c'est une des difficultés dans le déroulement des fusions, beaucoup d'entreprises ne consacrent pas l'énergie préalable nécessaire à la réflexion stratégique.

Une des priorités porte sur le partage par l'ensemble des entités fusionnées d'une vision commune des enjeux stratégiques ; celle-ci se traduit par des indicateurs de performance mesurables et tournés vers l'action.

Une manière de favoriser l'appropriation de la stratégie et de la culture communes consiste à faire construire les tableaux de bord « balanced scorecards » par les responsables de l'entité fusionnée ; notamment, associer des indicateurs de performance aux enjeux stratégiques. Cette démarche est d'autant plus bénéfique qu'elle peut être déployée à tous les niveaux auxquels sont pris des engagements contractuels (groupe, filiales, business units…).

Exemple de fusion

Arcelor (secteur acier plats au carbone)

Le groupe Arcelor a trois origines :

- Arbed, présent industriellement au Luxembourg, Belgique, Allemagne et Brésil ;

- Aceralia, présent industriellement en Espagne ;

- Usinor, présent industriellement en France, Belgique, Allemagne, Brésil, États-Unis et Asie.

Le secteur plats au carbone représente 14 milliards d'euros de chiffre d'affaires, 30 millions de tonnes de production, soit environ 50 % de l'ensemble.

La motivation stratégique de la fusion était dictée par la très faible concentration de la sidérurgie par rapport à d'autres secteurs, et donc par la nécessité de définir un volume suffisant pour assurer un niveau adapté de pénétration sur les marchés.

Le groupe consolidé représente en 2001 quelque 110 000 salariés, 30 milliards d'euros de chiffres d'affaires et une production consolidée de quelque 44 MT d'acier.

Les divergences de culture entre les entreprises étaient réelles et se traduisaient au niveau :

- des systèmes d'information,

- des modalités de communication et d'animation de gestion.

Néanmoins, les convergences l'emportaient très nettement sur les divergences et permettaient de définir des objectifs de performance communs. Pour le secteur des aciers plats au carbone en particulier, les domaines stratégiques de convergence portaient sur :

- la performance industrielle exprimée en termes de choix, coûts et taux d'utilisation des outils ;

- la gestion du compte produits-clients : secteur, comptes, prix, marges ;

- la mesure des performances industrielles reposant sur des indicateurs assez largement acceptés dans le secteur ;

- les principes de pilotage opérationnel découlant d'une vision commune de la mesure des performances.

Compte tenu de cette convergence, le groupe nouvellement constitué a décidé de se doter d'un modèle de gestion commun. Voici les principes sur lesquels repose ce modèle.

a) Principes de régulation

Le secteur d'activités est géré en tant que « centre de profit ».

Le secteur est le seul niveau auquel on peut parler de maîtrise du compte de résultat dans ses différentes composantes, commerciales, industrielles et achats. C'est à ce niveau que sont prises les grandes décisions d'allocation des ressources (gestion des achats, des investissements, des lancements en production du portefeuille produits…).

Les grandes lignes de produits sont au nombre d'une quinzaine et sont produits simultanément par plusieurs usines. Le pilotage des résultats, à ce niveau, nécessite une logique de gestion stratégique du portefeuille à long terme (lancement, développement, abandon de produits).

Les unités opérationnelles (usines) sont gérées dans une logique de centres de responsabilité. Ces unités sont soumises à des objectifs de performances liés à la consommation de ressources, au taux d'utilisation des outils et aux processus technologiques retenus.

b) Enjeux et indicateurs de performance

Les enjeux de performance sont articulés autour de quatre thèmes principaux :

1. Périmètre industriel et logistique : maîtrise des consommations de ressources, des coûts, et du taux d'utilisation des outils.

2. Périmètre commercial : optimisation de la marge commerciale.

3. Périmètre achats : optimisation des prix d'achats de minerais et matières premières, au sens large, dans le cadre de marchés longs.

4. A ces enjeux de performance à court-moyen terme, s'ajoute une vision d'optimisation stratégique du portefeuille de produits à long terme avec des implications de redéploiement de l'outil industriel.

Figure 4.2
Cadre général de pilotage des performances

Niveau responsabilité	Périmètre	Pilotage
UO (usine)	Pilotage des coûts et consommation de ressources	
	Industriel	• Coûts standard par spécification produit, par outil
	Logistique	• Consommation réelle de ressources : – Écarts de quantité – Écarts de coûts
Secteur	Pilotage par la marge sur coûts industriels standard	
	Commercial	• Coûts standards à la commande (tri du carnet de commandes) • Vision consolidée des marges par grand client /marché et grandes familles de produits calculées en réel
	Achats	• Optimisation des coûts d'achats dans le cadre de marchés cycliques (minerai)
	Vision de la profitabilité du business à long terme	
	Pilotage stratégique à long terme	• Vision business en réel (grands produits /marchés) • Vision des coûts industriels en réel

Une caractéristique importante du cadre de pilotage du groupe Arcelor tient au découplage des cycles temporels entre les différents périmètres, en raison de la longueur du cycle des affaires :

- Le cycle de gestion du périmètre industriel correspond à une logique d'optimisation de l'outil qui suppose l'amélioration constante de la flexibilité des outils.

- Le cycle commercial correspond à un cycle long de prix de marché, découplé de l'évolution des prix de revient industriel.

- Le cycle des achats correspond à une logique d'optimisation du prix de marché des minerais dans un contexte où les prix sont fluctuants.

Le modèle de pilotage de l'ensemble du groupe repose donc sur des optimisations partielles, par périmètre, des performances. La clarification de l'articulation et l'identification précise des contributions de chaque périmètre aux résultats sont deux des « challenges » de la fusion.

c) Contractualisation

La contractualisation des objectifs de performance s'opère en cascade :

Figure 4.3 :
Contractualisation des objectifs de performance

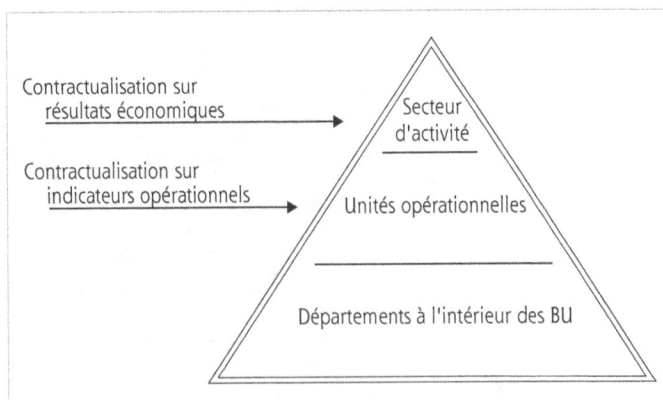

Seul le secteur qui maîtrise l'ensemble des éléments constitutifs de la performance fait l'objet d'une contractualisation sur les résultats économiques d'ensemble. En particulier, des objectifs de résultat sont définis sur les points suivants :

- sécurité,

- analyse de l'EBIT*,

- performance du processus de production (quantités, rendement, volumes, prix de revient, coût),

- performance du processus logistique,

- performance des processus commerciaux (quantités, mixtes, prix),

- suivi des gains de gestion,

- évolution du cash (fonds de roulement, besoin en fonds de roulement).

C'est donc logiquement au niveau du secteur que sont définis et suivis des objectifs de performance économique d'ensemble (EBIT*, ROCE*). Les unités opérationnelles (usines) et *a fortiori* les départements de production sont concernés par les performances industrielles, sur le plan de la sécurité ainsi que sur celui du cash pour les éléments qu'elles maîtrisent (stocks notamment).

Un des éléments clés du pilotage des performances tourne autour du concept de gains de gestion. Ce concept décliné à tous les niveaux de l'organisation correspond à des objectifs de gains de productivité appliqués à tous les niveaux de l'organisation et dont le détail est défini à chaque niveau.

Chaque entité a donc la responsabilité de trouver les moyens de sa propre contribution. Il peut s'agir de gains de fiabilité, de gains de frais de fonctionnement. Ce concept est la pierre angulaire de la démarche de progrès du groupe.

d) Sanctions

L'orientation en cours est à la motivation de chaque entité en fonction de sa contribution aux résultats, le principe étant de mesurer la contribution de chaque entité au ROCE* d'ensemble. Les conditions pratiques de mise en œuvre de ce système sont en cours d'élaboration.

En conclusion, la fusion de sociétés différentes au sein du secteur des aciers plats au carbone du groupe Arcelor aboutit à la définition d'un modèle de gestion qui n'est celui d'aucune des entités d'origine.

Exemple d'une fusion dans le secteur bancaire

Toutes les fusions ne sont pas nécessairement préparées par des réflexions stratégiques très structurées et augurant de l'émergence d'une nouvelle culture. La fusion décrite ci-après en est une illustration.

Deux établissements de crédit spécialisé, les entreprises X et Y, ont fusionné leurs activités dans une filiale commune 50-50. La maison mère de X pensait que sa filiale n'avait pas la taille critique et voyait donc la fusion comme une première étape, de fait, vers une absorption par Y.

Y représentait un produit net bancaire d'environ une fois et demie supérieur à celui de X et disposait, en outre, d'un système d'information d'implantation récente, lui conférant ainsi une bonne visibilité sur les données clients ; ce qui avait été la motivation principale de la migration du système d'information de X vers Y.

La contrepartie de cet enrichissement des systèmes était la charge élevée de renseignement des données. En contrepartie de cette charge, la meilleure connaissance des comportements d'achats des clients permettait d'accroître leur contribution au produit net bancaire. Le reporting de gestion exploitait ce système d'information. Il consistait en un suivi de l'activité et des contributions par produit et canal d'apport d'affaires (banque, courtiers…).

Le système d'information d'Y était beaucoup plus intégré et structuré que celui de X qui, plus ancien, reposait bien plus sur des verrues rajoutées au fil du temps et répondant à des besoins spécifiques. L'appropriation du système d'information de Y par X a posé des problèmes et, au départ, a entraîné des comportements de rejet. D'où des coûts et une adaptation difficile de l'outil de Y.

Les tableaux de bord ont été adaptés sur la base d'une reprise des « éléments » essentiels de chaque système de reporting de chacune des deux entités, sans que l'on puisse vraiment parler d'une réflexion sur un modèle de gestion nouveau exigeant des indicateurs différents.

Néanmoins, le contrôle de gestion de Y a joué un rôle important pour faire ressortir les convergences, les adaptations nécessaires à la pertinence du nouveau système de pilotage d'ensemble et apporter des simplifications. Il reste, de l'avis du contrôleur de gestion de Y, que l'effort de réflexion stratégique préalable qui eût consisté à traiter la fusion comme la création d'une entité nouvelle avec une stratégie propre n'a pas vraiment été entrepris.

La conséquence en est que le système de pilotage du nouvel ensemble n'a pas vraiment été conçu dans une logique de déploiement stratégique faisant ressortir des objectifs de performance précis sur des processus, mais plus comme une synthèse « adaptée » des systèmes existants.

En pratique, il s'agit d'un suivi « économique » des résultats, détaillé par canal d'apporteur d'affaires et produits. L'articulation avec une vision stratégique n'apparaît pas vraiment.

Cadre de pilotage et de reporting

Le cadre de pilotage et de reporting repose sur un maillage par canal d'apport d'affaires (banques, apporteurs d'affaires…) et par produits. Dans ce cadre, les chiffres d'affaires, soldes intermédiaires de gestion et résultats sont mesurés.

Ce suivi, de nature financière, s'il permet de s'assurer du respect de l'équation économique du métier, ne fournit pas les éléments pour construire des plans d'actions prospectifs reposant sur des objectifs de performance ou des leviers opérationnels identifiés (par exemple, développement d'un segment de clientèle, de produit, d'une amélioration de la marge sur tel créneau, d'un enrichissement du service sur tel segment de clientèle…).

Des plans d'action prospectifs existent, certes, mais ils ne sont pas intégrés dans le modèle de gestion. Cela constitue, de l'avis du contrôleur de gestion de Y, un des axes majeurs de progrès pour les années à venir. Les indicateurs purement économiques sont certes importants à des fins de contrôle *a posteriori*. Ils ne suffisent pour autant pas à animer une démarche de progrès.

Il est, néanmoins, vrai que, pour les besoins de pilotage opérationnel, les directions ont leur propre tableau de bord. Par exemple, la direction commerciale dispose de tableaux de bord de suivis d'activités. Ils ne sont pas pour autant articulés selon un schéma stratégique clair.

En conclusion, après deux années, la fusion de X et Y doit encore progresser. Il reste à construire une culture propre autour d'une stratégie à préciser.

Dans les faits, les fonds de commerce ont été fusionnés et les synergies commerciales ont été mises en œuvre. Il faut maintenant structurer les synergies autour d'un objectif commun. Quant au contrôle de gestion, faute d'un positionnement clair, il reste plus dans une position de « gardien du temple », s'assurant que les équilibres économiques sont bien maintenus.

Le cas que l'on vient d'évoquer n'est pas rare. Il est caractéristique de fusions conduites avec des motivations stratégiques réelles (élargissement du fonds de commerce...) mais pas nécessairement détaillées dans leur déclinaison opérationnelle : quels facteurs clés de succès ? Quels objectifs de performance à partir de quels processus ? Quelles synergies concrètes ?

Sur une telle base, le contrôle de gestion ne peut pas donner sa pleine mesure.

Nous présentons ci-après, en guise d'illustration à cet exemple, le tableau de bord de direction générale qui, comme nous venons de le mentionner, est essentiellement financier.

Figure 4.4 : Tableau de bord /reporting – Direction générale

Résultats analytiques – mai 2001

Résultats analytiques au 31 mai 2002

Éléments de résultats (en Meuros)	Réel N (1)	Budget révisé (2)	Rappel 2001 (3)	% réal budget (1)/(2)	% var° N-1 (1)/(3)	Taux N	Taux budget	Taux N-1
Production mensuelle								
Production dumulée								
Encours portefeuille (fin de période)								
Encours moyen productif								
Valeur ajoutée sur capitaux								
Commissions d'apport								
Commissions de risque								
Autres éléments du PNB[a]								
Produit net bancaire								
Frais de personnel								
Impôts et taxes								
Autres charges d'exploitation								
Amortissements								
Frais généraux								
Résultat brut d'exploitation								
Incidence contentieuse								
Résultat courant avant impôt								
Frais de rapprochement								
Résultat exceptionnel								
Résultat financier avant impôt								
Impôts sur les sociétés								
Mise en équivalence - résultats SLD								
Résultat financier consolidé net								
Coefficient d'exploitation sur charges réccurentes								
ROE sur fonds propres moyens								
ROE sur fonds propres moyens hors frais de rapprochement								
Fonds propres sociaux (hors résultat) dont réserve latente nette								

a. *PNB : Produit net bancaire*

**Tableau de bord synthétique de performance commerciale
Usage Direction Générale**

(en M euros)	réalisé 2002		budget 2002		Réalisé 2001		R02/R01	
	Montant	marge opérationnelle	Montant	marge op.	Montant	marge op.	Montant	marge op.
Production								

PAR ORIGINE
1. Banques
 - dont X
    Y
    Z...
    Autres
 - dont A
    B...
2. Apporteurs
3. Directs								

PAR MARCHÉ transport industrie bureautique informatique BTP médical électronique manutention imprimerie distribution agricole divers								
PAR PRODUIT crédit-bail location crédit LPV								

Ces deux tableaux constituent l'essentiel du tableau de bord de direction générale et fournissent un « constat » de performance économique plus qu'ils ne sont des outils pour bâtir des plans d'action.

3. La croissance rapide

Il s'agit d'une situation dans laquelle le futur et la pérennité de l'entreprise sont clairement en jeu. L'entreprise va être confrontée aux enjeux suivants :

- Mettre en œuvre les mesures pour accompagner la croissance, tout en préservant les valeurs et les savoir-faire d'origine.

- Passer d'une mono-culture à une culture d'entreprise capable d'intégrer des apports culturels différenciés.

Pour cela, l'entreprise va devoir adapter :

- ses modes de management,
- son système de pilotage,
- sa gestion des ressources humaines,
- son système de reconnaissance.

Nous exposerons les points les plus essentiels au processus de transformation de l'entreprise en développement en prenant, à titre d'illustration, l'exemple d'une société de services du secteur des télécommunications et de l'informatique (Prosodie).

3.1 Les actions à mener au plan du management

Exemple de croissance rapide

Prosodie

Nous avons identifié au travers du cas concret de Prosodie trois objectifs de changement en termes de principes de management.

1. Passer d'un management de proximité à un management d'équipe

Dans la petite entreprise, tout le monde se connaît et le fondateur /P-DG connaît tout le monde. Les missions et responsabilités de chacun ne sont pas toujours clairement définies mais la petite taille permet en quelque sorte une « auto-régulation ». Les collaborateurs, comme le patron, cumulent parfois plusieurs fonctions.

Avec la croissance de l'entreprise, il devient nécessaire, compte tenu de l'augmentation des effectifs, d'introduire un management intermédiaire. Par exemple, l'effectif moyen de Prosodie est passé de 211 personnes en 1999 à 416 en 2001. Ce management intermédiaire a pour mission d'assurer une meilleure efficacité de l'organisation... que s'il n'y en avait pas ! Pour cela, il est nécessaire de définir :

- les missions et les objectifs de chaque manager intermédiaire ;
- les délégations attribuées à ces mêmes managers.

C'est à ces deux conditions qu'ils pourront mettre en place un management d'équipe, en subdéléguant eux-mêmes à certains de leurs collaborateurs.

La mise en place du système de délégation ne passe pas exclusivement par la définition de seuils d'autorisation de dépense, d'embauche, de signature, d'offre et de contrat, qui sont nécessaires mais pas suffisants.

L'autre instrument de la délégation, c'est le budget, et nous y reviendrons plus longuement dans le paragraphe consacré au système de pilotage.

2. Passer d'une culture orale à une culture écrite

Dans la petite entreprise, la taille, conjuguée avec la solidarité et la confiance mutuelle, ne rend pas indispensable la formalisation des procédures et des méthodes de travail. A l'inverse, avec l'augmentation de la taille de l'entreprise induite par la croissance, il va devenir essentiel de formaliser les principaux processus clés de l'entreprise. C'est ce qu'a décidé d'entreprendre Prosodie, au travers d'un vaste chantier de certification ISO 9001 et la mise en place d'un référentiel commun.

Le chantier a été confié à une direction Qualité, mais ce sont les opérationnels qui ont la charge de décrire les processus. Ont été retenus, en priorité, les processus les plus transverses, les plus opérationnels et à fort enjeux économiques. Ces processus sont définis puis gérés sous forme de work flows[15]. Toutes les règles de délégation évoquées précédemment sont introduites et codifiées. La formalisation des processus permet de mieux assurer l'efficacité et la sécurité de fonctionnement de l'organisation, tout en intégrant de nouveaux collaborateurs auxquels il sera possible de transmettre aussi le savoir-faire de l'entreprise.

3. Capitaliser les connaissances et les savoir-faire

Avec l'intégration de nouveaux collaborateurs qui ne font pas partie du premier cercle fondateur de l'entreprise, la capitalisation des connaissances et des savoir-faire va permettre une démultiplication de ces savoir-faire… au moindre coût de formation et d'encadrement !

Pour répondre à cet objectif, Prosodie s'est dotée d'un outil de « knowledge management » construit autour des progiciels Net Portal, SPS et Net EAI. La base de données est organisée en domaine de compétence (technique, finance, commercial, etc.)

3.2 Les principaux enjeux du système de pilotage

Dans une petite entreprise, c'est le plus souvent le patron qui gère la performance. Avec la croissance de l'entreprise, le patron va devoir s'appuyer sur des collaborateurs qui auront la responsabilité de mettre en place les différents systèmes de mesure.

Nous ne reviendrons pas ici sur ce que recouvre la mise en place de tels systèmes au plan des méthodes et des outils. Ces points ont déjà été abordés au cours des chapitres précédents et, en tant que

---

15. Formalisation de la séquence d'activités au sein du processus.

tel, le fait que l'entreprise soit en développement n'y est pas déterminant.

En revanche, il nous semble important d'illustrer la particularité de l'entreprise en développement au travers de la problématique de mise sous contrôle des capitaux engagés :

- Investissements, d'une part,
- BFR*, d'autre part.

Nous traiterons tout d'abord de la problématique relative aux investissements. Compte tenu du secteur d'activité, deux types d'investissement sont particulièrement stratégiques :

- les investissements en études et en hardware pour le lancement et la commercialisation de nouvelles offres ;
- les investissements de capacité de ressources techniques, nécessaires pour accompagner la croissance en volume des services existants et augmenter les ressources nécessaires à la commercialisation de nouvelles offres.

Prosodie a mis en œuvre un processus de sélection des projets innovants dans cette optique. Un comité « offres », regroupant les différentes fonctions impliquées, à savoir en particulier marketing, technique, finance, est chargé de statuer sur la recevabilité des projets qui lui sont soumis.

Chez Prosodie, c'est le marketing qui est en charge de l'analyse des attentes clients et des études de marché. La priorité est donnée aux lignes de produits qui permettent de projeter à un horizon assez proche, 2 ou 3 ans, un chiffre d'affaires significatif ainsi qu'une rentabilité satisfaisante. Le processus relatif au lancement de nouvelles offres se décompose en huit étapes (Figure 4.5 page suivante) :

Figure 4.5 :
Processus de sélection et développement de nouvelles offres

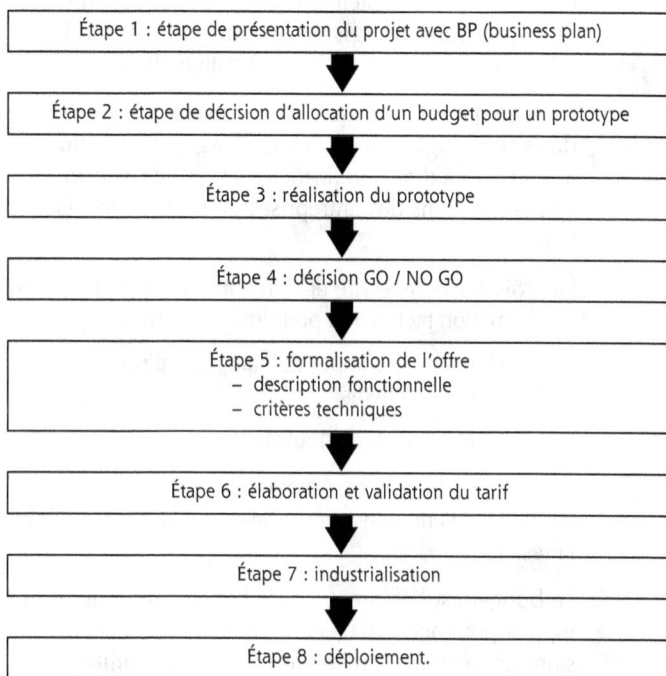

| Étape 1 : étape de présentation du projet avec BP (business plan) |

▼

| Étape 2 : étape de décision d'allocation d'un budget pour un prototype |

▼

| Étape 3 : réalisation du prototype |

▼

| Étape 4 : décision GO / NO GO |

▼

| Étape 5 : formalisation de l'offre
– description fonctionnelle
– critères techniques |

▼

| Étape 6 : élaboration et validation du tarif |

▼

| Étape 7 : industrialisation |

▼

| Étape 8 : déploiement. |

En ce qui concerne la maîtrise du BFR*, l'élément essentiel porte sur le poste clients. Mais en définitive, il s'agit moins d'un problème d'encours clients (les clients sont de très grandes entreprises comme des entreprises du secteur des télécommunications, de la banque et des assurances, en principe solvables) que de DSO[16], c'est-à-dire en fait un problème de production non facturée.

En effet, s'agissant de prestations de services informatiques et de télécommunications (serveurs vocaux, rechargement de cartes prépayées pour le mobile, etc.), le risque essentiel est une sous-facturation.

Le processus facturation est un des processus clés qui ont fait l'objet d'une formalisation en vue de la certification ISO 9001.

---

16. DSO : encours client + production non facturée exprimée en nombre de jours de C.A.

Il faut que tous les éléments nécessaires à la facturation soient pris en compte très en amont dans la phase d'étude du nouveau produit, afin que les systèmes d'information et d'exploitation techniques puissent enregistrer et transmettre, *via* interfaces, les informations nécessaires à la facturation clients.

C'est ce qui explique que, dans les entreprises en développement du secteur high-tech et des services, la facturation soit souvent attribuée à la direction financière. C'est le cas chez Prosodie mais également dans des entreprises du secteur des télécommunications.

La croissance nécessite également que soient revus les systèmes d'information facturation pour intégrer la double problématique :

- prise en compte de l'augmentation en volume du nombre de clients,
- intégration de nouvelles offres.

L'autre point important, évoqué plus haut au paragraphe 3.1 relatif au management, concerne la mise en place de procédures budgétaires.

Le budget est l'élément clé de la délégation qui doit être développée pour accompagner la croissance. A cet effet, il est nécessaire de définir des domaines de responsabilités et d'allouer les produits et charges par activités (par exemple : recherche et développement, avant-vente, en commercialisation, etc.) Le principal enjeu consiste à passer d'un budget global par nature à un budget décliné par centre de responsabilité. Ce qui nous amène à évoquer la question relative au management des ressources humaines.

3.3 Les principaux changements dans la gestion des ressources humaines

Les points essentiels ont trait à la gestion des compétences et au système de reconnaissance.

La gestion des compétences

Il faut faire évoluer les compétences internes en fonction d'une évaluation des potentiels et des besoins futurs de l'entreprise. Pour combler l'écart entre compétences acquises et compétences requises, des plans de formation pourront être élaborés. Il est important de favoriser au maximum les promotions internes, pour conserver l'esprit d'entrepreneur et l'implication des collaborateurs qui ont fait le succès de l'entreprise.

Néanmoins, il faut savoir arbitrer entre promotion interne et recrutement externe, en particulier pour les postes à haut niveau. Il est souvent indispensable d'apporter du « sang neuf » et de passer d'une mono-culture qui a ses limites (les collaborateurs d'origine n'ayant connu que cette seule entreprise le plus souvent) à une culture plus ouverte, capable d'intégrer d'autres méthodes de travail.

Pour que les recrutements externes soient réussis, il faut respecter certaines règles :

- Privilégier la cooptation au travers d'entretiens préalables à l'embauche, en nombre important, sans oublier le fondateur.

- Recruter des professionnels qui seront opérationnels immédiatement et pourront démontrer leur valeur ajoutée au travers de réalisations concrètes et rapides.

- Choisir des managers plutôt orientés « développeurs de compétences » et « chefs de projet », tout au moins dans la phase de croissance, plutôt que des managers au profil de « gestionnaire ».

Le système de reconnaissance

Dans ce domaine, l'évolution essentielle chez Prosodie a porté sur la mise en place d'une variabilisation de la rémunération en fonction des résultats atteints par rapport aux objectifs. 90 personnes sur un total de 700 collaborateurs sont concernées.

Cette variabilisation peut atteindre 30 % du salaire de base. La prime est découpée en trois tiers :

- 1/6 pour le CA et 1/6 pour le REX[17] du groupe.

- 1/3 au titre d'objectifs quantitatifs personnels liés au poste. Par exemple : objectifs commerciaux, prises de commandes, tenue des délais sur projets, montant des

---

17. Résultat d'exploitation.

impayés clients, délai de clôture, % d'erreurs de facturation, etc.

- 1/3 d'objectifs personnels qualitatifs. Par exemple : mise
en œuvre avec succès d'un ERP*.

La distribution de stock-options concerne pratiquement le même
nombre de personnes (85 sur 700) et suit une règle annuelle de
2 % de dilution attribuée à environ 15 % des salariés.

En résumé

Le pilotage stratégique n'est pas la mise en œuvre d'un
ensemble de recettes toutes faites. Il doit s'adapter aux ruptures résultant de contextes particuliers.

Les cas les plus fréquents ont trait aux situations suivantes :

- Crise économique impliquant la mise en œuvre
immédiate de mesures susceptibles de restaurer la
profitabilité à court terme et la mise en place d'indicateurs adaptés, par exemple, à la réduction de
coûts et l'augmentation de la trésorerie.

- Fusion de deux entreprises et mise en place d'une
nouvelle culture. Ce contexte se traduit par la création d'un nouveau périmètre, l'optimisation du portefeuille de produits à long terme, et le
redéploiement des outils de production et de commercialisation. Les indicateurs de performance doivent être adaptés à ces nouveaux enjeux et non pas
consister en une agrégation de deux sous-systèmes,
cas malheureusement fréquent, avec le risque de ne
pas atteindre les gains escomptés de la fusion.

- Croissance rapide. Une telle situation implique un
changement culturel fort pour l'entreprise et une
maîtrise des risques. Il s'agit de conserver les valeurs
d'origine tout en mettant en place des mesures pour
accompagner la croissance. Il faut notamment passer

d'un management de proximité à un management d'équipe avec une composante de culture écrite. Les principes de construction du système de pilotage, décrits précédemment, s'appliquent. Ils devront toutefois être mis en œuvre de manière très participative en impliquant fortement les collaborateurs concernés par les indicateurs eux-mêmes. Une attention particulière devra être apportée aux risques financiers, de trésorerie notamment, et à la mise sous contrôle des capitaux engagés, des investissements notamment. Des systèmes de reconnaissance, fondés sur des participations aux résultats, aident souvent à responsabiliser les collaborateurs dans ce contexte.

Chapitre **5**

Au-delà des méthodes,
mettre en œuvre
une démarche globale
d'accroissement de la performance

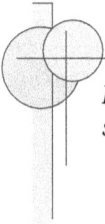

Les développements précédents ont fait ressortir les points suivants :

- *La réflexion stratégique est la condition préalable à l'exercice d'un contrôle de gestion efficace. La formulation stratégique est la traduction d'un plan d'action d'entreprise qui doit se traduire par des objectifs de performance mesurables.*

- *Chaque entreprise a une culture propre influençant les modalités de pilotage, le contenu des objectifs de performance et la conduite générale de l'entreprise. Une entreprise avec une culture très « technicienne » ne donnera pas la même pondération aux indicateurs de performance financiers qu'une entreprise à culture très financière.*

- *La culture de l'entreprise se reflète, par ailleurs, au niveau de la composition des organes de direction. L'examen de celle-ci donne, souvent, avant tout examen détaillé, une préfiguration du modèle de gestion de l'entreprise qui va se décliner en cadre de pilotage, indicateurs de performance, etc.*

- *Le contrôle de gestion doit être compris comme une pratique beaucoup plus large qu'une simple « mécanique » consistant à décliner une stratégie dans des tableaux de bord, mais bien plutôt comme l'art d'intégrer technique, culture, métier, compétences d'animation.*

- *Dans ce contexte, les « nouvelles méthodes » de contrôle de gestion doivent être considérées comme des outils aidant à la mise en œuvre d'un schéma de pilotage stratégique d'ensemble et non pas comme des outils de définition du cadre stratégique. Par exemple, les méthodes de comptabilité analytique (ABC*) ou de gestion budgétaire par activités (ABM*) n'aident pas, au départ, à définir un cadre stratégique d'ensemble. Mais dans un second temps, si elles sont bien employées, elles peuvent aider efficacement à construire le modèle détaillé de gestion.*

En résumé, il faut donc aborder la mise en œuvre des méthodes de pilotage de manière globale et « top down » en partant de l'évolution de la stratégie, du contexte culturel et humain, tout en s'appuyant, dans un second temps, sur des techniques.

1. L'adhésion à un système de valeurs et à un projet communs

Beaucoup de stratégies échouent au stade de leur mise en œuvre et le plus souvent parce qu'elles sont mal communiquées.

Pour qu'il y ait adhésion des collaborateurs à une stratégie, il faut que quatre conditions soient respectées par les dirigeants de l'entreprise, en particulier :

- Une définition claire de la stratégie, des objectifs poursuivis et des plans d'action associés.
- Une communication claire autour de la stratégie et de ses conditions de mise en œuvre. A cet égard, un test significatif est la bonne perception des orientations – actions stratégiques à tous les niveaux de l'entreprise et pas seulement par le petit cercle des dirigeants.
- Par exemple, si une entreprise a un axe d'action fort sur l'enrichissement du service rendu au client, ce dernier doit se refléter par des objectifs bien compris à tous les niveaux de l'organisation : un technicien après-vente, par exemple, doit être capable de traduire par 2-3 actions, ce que la stratégie représente pour lui (délais, conditions d'accueil…). Ce partage concret d'une vision stratégique est, de notre expérience, une condition clé du succès.
- Une communication transparente des dirigeants, qui ne doivent pas occulter les problèmes, nier les incertitudes, etc.

Sur ce sujet, quatre exemples que nous avons rencontrés méritent d'être mentionnés.

Exemples d'adhésion à un projet commun

1. Société du secteur Aéronautique/Défense

Au début des années 1990, le président d'une société du secteur Aéronautique/Défense n'a pas caché à ses collaborateurs, alors qu'il venait de prendre ses fonctions depuis moins de 3 mois, la crise structurelle dans laquelle le secteur allait plonger, compte tenu, d'une part, des surcapacités des industriels et, d'autre part, des difficultés financières des clients.

Alors qu'il s'agissait, pour le président, d'une première prise de contact avec le management de l'entreprise, celui-ci a choisi d'expliciter clairement, force graphiques à l'appui, que l'entreprise avait atteint le haut de son cycle de production et qu'il fallait s'attendre à une baisse des cadences de production. La juxtaposition des différentes hypothèses de production effectuées au cours des six derniers mois permettait d'anticiper pour les années à venir la baisse des cycles et des cadences de production.

La situation était d'autant plus cruelle que l'entreprise venait d'accomplir, dans les quatre dernières années, d'importants efforts pour accompagner la croissance et la montée des cadences de production. L'entreprise allait donc se retrouver brutalement, par un retournement de conjoncture, en surcapacité.

Après avoir décrit le contexte de crise à l'ensemble du management, à l'occasion de réunions d'information qui se tenaient dans les différents sites industriels, le président a engagé un programme de restructuration. Dans le cadre de ce programme, plusieurs plans de réduction de coûts ont été lancés.

2. Filiale française d'une banque à réseau international

Autre exemple de « parler vrai », plus récent, méritant d'être mentionné. Celui du président de la filiale française d'une des toutes premières banques mondiales. A l'automne 2002, le président avouait à ses cadres dirigeants ne pas être en mesure de prédire l'évolution de la conjoncture économique pour l'année à venir et ce, malgré plus de trente années d'expérience dans le secteur bancaire.

3. Société de télécommunications

La dernière condition est l'implication et l'adhésion de l'équipe dirigeante au projet. « L'exemplarité » du comité de direction est déterminante pour réussir à fédérer l'ensemble des collaborateurs. A cet égard, nous citerons l'exemple d'une société française du secteur des télécommunications.

Un séminaire de 4 jours dédié à l'explicitation de la stratégie et des valeurs de l'entreprise avait été mis en place pour tous les managers de l'entreprise, quel que soit leur niveau hiérarchique. Le premier séminaire avait été inauguré par le Comex et une cassette vidéo avait été produite à cette occasion. Le séminaire était systématiquement animé par un consultant, mais également par un dirigeant de l'entreprise qui apportait son témoignage. Il pouvait être pris à parti et il était important qu'il apparaisse comme étant solidaire de l'ensemble de l'équipe de direction. La cassette vidéo était toujours projetée en introduction de séminaire.

Maintenant, comment concrètement susciter, encourager l'adhésion des collaborateurs à un système de valeurs et à un projet commun ?

Il faut tout d'abord s'appuyer sur la structure d'encadrement. Celle-ci peut jouer un rôle essentiel de relais dans la diffusion de l'information. Certains cadres peuvent être des leaders d'opinion. Pour cela, il est nécessaire de leur réserver des informations, tout en leur demandant de relayer certains messages.

Un autre levier d'action est la mise en évidence que les objectifs sont atteignables, que les performances recherchées sont déjà atteintes par des concurrents, voire par des sociétés du même groupe. D'où l'importance des benchmarks internes et externes, pour la « mise sous tension » d'une organisation, afin de mobiliser les ressources et les énergies pour l'atteinte des objectifs.

4. Filiale française d'une banque mondiale

L'exemple de la filiale française d'une banque mondiale mérite d'être exposé. Le président de la société française, tête de groupe, convie l'ensemble des dirigeants, non seulement de la maison mère, mais également des filiales, « filles voire petites-filles" », à des réunions d'information mensuelles. Une large place est laissée à la présentation des résultats (dans un groupe où la culture du reporting est très développée) par chaque dirigeant, pour l'entité qu'il « gère ».

Un des dirigeants participant à ces réunions nous confiait que, par la force des choses, une émulation, voire une compétition interne, s'installait au fur et à mesure de la présentation et il n'était pas rare qu'un dirigeant commente ses « bonnes » performances en faisant allusion aux « moins bons » résultats des entreprises dirigées par d'autres collègues. Le même dirigeant, constatant au travers de ses réunions d'information l'écart entre le nombre de PEE (Plan d'épargne entreprise) placés par ces agents et celui de ces collègues, a décidé de se renforcer sur ce produit et a lancé un challenge pour soutenir la motivation de ses commerciaux.

Un des points essentiels a trait au système de reconnaissance et de valorisation. Tout d'abord, il faut savoir reconnaître les bonnes et les mauvaises performances. Ceci « se pratique » de plus en plus dans les réunions d'information dans lesquelles les dirigeants viennent commenter leurs résultats au regard de leurs objectifs.

L'intéressement des collaborateurs aux résultats procède d'un même objectif de reconnaissance. Mais il faut les intéresser aux résultats sur lesquels ils disposent de moyens d'action. Un dirigeant nous faisait remarquer que la conversion, dans son entreprise, à la faveur du rachat de celle-ci par un groupe mondial coté, d'une partie du bonus en stock-options avait certainement eu un effet démotivant : l'évolution du cours de bourse de la maison mère était très décorrélée de la performance de la filiale en question.

2. L'adhésion des dirigeants

Nous avons insisté, précédemment, sur l'importance de l'adhésion des dirigeants au projet pour motiver l'ensemble des collaborateurs de l'entreprise. Les collaborateurs sont très sensibles à la cohérence entre le discours des dirigeants et les objectifs qui leur sont assignés. Mais il ne faut pas seulement se limiter à de beaux discours ; il faut que ce discours se traduise par des actes. Certains actes peuvent avoir des vertus symboliques.

- Premier exemple d'acte symbolique : tout ce qui a trait à la diminution du train de vie dans une entreprise en situation de restructuration (par exemple : réduction du nombre d'abonnements à des revues, suppression des décorations florales, diminution de standing pour les déplacements, les réceptions, etc.).

- Deuxième exemple d'acte symbolique : la réduction de la rémunération des dirigeants dans des entreprises en situation de redressement. C'est le caractère exemplaire de la mesure qu'il faut souligner plutôt que l'effet sur le compte de résultat !

Néanmoins, il ressort de nos différents entretiens avec les personnes concernées que la rémunération est un des moteurs de l'implication personnelle des dirigeants dans l'entreprise. Toutefois, pour que cette motivation soit soutenue et que le système mis en place soit réellement au bénéfice de l'entreprise et de ses actionnaires, il faut que la part variable de la rémunération du dirigeant soit directement corrélée à la performance sur laquelle il dispose de moyens d'action.

Il nous paraît utile de revenir sur l'effet pervers de l'octroi de stock-options aux dirigeants d'entreprise :

- d'une part, ce système n'est pas suffisamment motivant pour ceux pour qui il n'y a pas de corrélation entre les résultats générés par leurs actions et le cours de bourse de leur entreprise.

- d'autre part, il peut y avoir conflit d'intérêt entre la classe dirigeante de l'entreprise et ses actionnaires. Le top management peut avoir intérêt à ce que le cours de l'action soit bas. Il peut proposer des distributions en nombre important. C'est pourquoi certaines résolutions de distribution de stock-options n'ont pas été votées en 2002 par les actionnaires de certaines entreprises.

3. Le développement de la coopération transversale

L'élaboration d'une véritable stratégie part des clients. À partir d'une compréhension des besoins des clients, des compétences clés « métiers » de l'entreprise et du contexte concurrentiel, il s'agit de préciser l'offre de l'entreprise, les enjeux de performance et les axes d'allocation de ressources.

L'offre de l'entreprise s'exprime toujours en termes de « valeur créée pour le client ». La décomposition « traditionnelle » de la stratégie en « domaines produits-marchés », « facteurs clés de succès », consiste toujours à définir la bonne « valeur » que l'entreprise doit apporter à ses clients pour lui garantir une bonne profitabilité sur le long terme.

A cette fin, il est indispensable de réfléchir et de piloter dans un cadre plus large que l'organisation classique ; c'est-à-dire par « processus » tournés vers le client. Le choix des processus est déterminé par rapport à la valeur apportée au client. Les processus constituent le cadre de définition et de pilotage des performances, le cadre d'allocation des ressources d'exploitation ou d'investissement.

Exemple de développement de la coopération transversale

Société de crédit à la consommation

Une société de crédit à la consommation est positionnée sur le créneau de la clientèle milieu de gamme pour la vente de crédits adossés à des produits de consommation. La maîtrise par l'entreprise de la valeur créée chez ses clients se traduit par des performances élevées sur les processus suivants :

Figure 5.1
Enjeux de performance sur les processus

Processus	Enjeu de performance
Acquisition de clientèle	Élargir la base du chiffre d'affaires à de nouveaux clients pour renforcer le volume et la marge globale
Développement du chiffre d'affaires sur la clientèle existante	Capter de la marge au travers d'un élargissement de la consommation par client
Développement de nouveaux produits	Capter de la marge
Gestion du risque	Évaluer correctement les pertes facturées sur clients. Mieux maîtriser les pertes
Recouvrement	Maîtriser la trésorerie

Le pilotage de la performance pour chacun de ces processus passe par une coopération de chacun des services existants et non pas par l'action isolée de chacun d'entre eux.

Par exemple, pour le processus « Acquisition de clientèle », les objectifs de performance sont le développement du chiffre d'affaires sur de nouveaux clients à de bonnes conditions de risque donc des pertes maîtrisées et une bonne satisfaction du client.

Voici les indicateurs de performance correspondants :

- le taux d'acquisition de nouveaux clients par rapport à la clientèle existante,
- le % du CA réalisé sur des clients acquis dans l'exercice,
- taux d'impayés dans les douze mois suivant l'entrée d'un nouveau client,
- les taux d'impayés non régularisés sur les clients nouveaux.

Voici les principaux leviers opérationnels mouvementés pour atteindre les objectifs et les services de l'organisation concernés :

Figure 5.2
Leviers opérationnels mouvementés

Enjeu	Levier	Service concerné
Évaluation du risque et arbitrage risque /développement commercial	• Paramétrage et actualisation du modèle de scoring • Fixation du seuil de risque pour les nouveaux entrants	• Scoring • Marketing ou développement commercial des nouveaux clients
Acquisition de clients en provenance d'autres sociétés du groupe	• Unification des bases de données commerciales • Intéressement des commerciaux sur l'apport croisé de chiffre d'affaires	• Marketing commercial • Développement commercial • Commercial toutes sociétés du groupe
Acquisition de clients hors sociétés du groupe	• Exploitation des bases de données commerciales • Primes aux nouveaux clients	• Marketing • Développement commercial

Cet exemple démontre que pour gérer efficacement des enjeux commerciaux ou de risque, en apparence simples, la coopération transversale entre services de l'organisation est indispensable.

Cette coopération qui, au premier abord, paraît simple et découlant du bon sens est, dans les faits, plus difficile à mettre en œuvre pour des raisons, notamment, liées au comportement des hommes. Ceux-ci sont, en général, évalués et donc rémunérés dans leur structure d'organisation. Ils ont donc souvent l'impression de « ne pas travailler pour leur chapelle » en travaillant pour des processus transversaux. Pour combattre ce penchant, somme toute très compréhensible au plan humain, il faut un engagement très fort de la direction générale pour affirmer l'importance de la gestion transversale et pour incorporer, dans les systèmes d'évaluation individuels, la contribution aux objectifs d'ensemble.

Les modalités pratiques de la coopération transversale constituent une autre pierre d'achoppement. Faut-il un animateur de processus « en titre » ? Faut-il « contractualiser » sur des objectifs de performance par processus et donc organiser un reporting *ad hoc* ?

Pour qu'une gestion par processus soit efficace, il faut l'organiser avec un minimum de formalisme. Cela passe, notamment, par :

- La fixation d'objectifs annuels pour les processus et la mise en œuvre d'un reporting tout au long de l'exercice sur les performances atteintes, par rapport aux objectifs.

- La nomination d'« animateurs » de processus directement « motivés » sur ces performances. Les animateurs, choisis de préférence à un niveau élevé (directeurs) de l'organisation, doivent exercer d'autres fonctions importantes dans l'entreprise.

- La mise en œuvre de calendriers d'animation, de reporting sur les processus, par exemple à cadence trimestrielle.

4. L'adaptation du système de reconnaissance

L'intérêt personnel des collaborateurs est un facteur puissant d'amélioration des performances dans l'entreprise, dans la mesure où ils « tirent » dans le même sens. Dans le cas contraire, s'il y a divergence entre intérêt personnel et stratégie d'entreprise, les performances d'ensemble en subissent, fatalement, les conséquences. Il est donc important d'ajuster, de manière continue, système de reconnaissance individuel et stratégie.

De notre point de vue, il convient de se poser les questions suivantes :

- Quels leviers opérationnels actionner ?

- Sur quelle population faire porter l'effort d'adaptation du système de reconnaissance ?

Les leviers sont, à notre avis, au nombre de quatre :

- les systèmes d'évaluation,

- les systèmes de rémunération,

- la gestion de la mobilité,

- la gestion de la reconnaissance.

a) Les systèmes d'évaluation

Trop souvent, les systèmes d'évaluation reposent sur des objectifs flous ou individuels, et assez peu sur une contribution à des objectifs d'ensemble. Or, comme nous l'avons longuement développé, la contribution à des objectifs transversaux d'ensemble est un élément moteur de la performance.

Les systèmes d'évaluation doivent donc comporter, outre des objectifs strictement individuels, des contributions à des objectifs d'ensemble, par exemple des objectifs d'amélioration de processus, de pilotage de projets...

Il est même possible d'envisager que le collaborateur recueille une partie du bénéfice lié à la performance d'ensemble d'un projet, sous forme d'une « quote-part ».

La prise en compte de performances transversales nous paraît être un élément moteur de la performance stratégique d'ensemble. Trop souvent, à l'inverse de leurs collègues anglo-saxons, les responsables français sont éduqués dans une culture de l'individualisme. Cette culture peut parfois aller à contre-courant de performances d'ensemble qui supposent une culture de coopération et de contribution à des projets « collectifs ».

b) Les systèmes de rémunération

Les systèmes de rémunération de tous les collaborateurs disposant de délégations et de degrés de liberté significatifs dans la gestion des ressources devraient incorporer des parts variables relatives à l'atteinte des objectifs, individuels ou transversaux, liés nécessairement à la stratégie.

Dans la pratique, il s'agit de la population des cadres supérieurs et dirigeants dont il convient de lier une partie de la rémunération à l'atteinte des objectifs stratégiques tels que création de valeur économique, développement de part de marché, amélioration de la satisfaction clientèle…

Il faut prendre garde, à notre sens, à ne pas motiver les responsables que sur des objectifs économiques de création de valeur. Le risque encouru, dans ce cas, est d'amener les dirigeants à privilégier des actions à court terme, génératrices de profits immédiats, au détriment, parfois, d'actions de développement à long terme. Celles-ci supposent un développement de la création de valeur chez les clients et des compétences des collaborateurs.

C'est ainsi qu'une entreprise de travaux publics, déjà mentionnée dans cet ouvrage, a décidé, après mûre réflexion, de variabiliser une partie de la rémunération des chefs de projet (en moyenne 15 %), non pas sur les seuls résultats économiques des projets dirigés, mais sur une évaluation mixte combinant marge brute dégagée sur le projet et qualité de la relation client.

Le risque est en effet grand que, jugés sur le seul critère de la « performance économique », les chefs de projet cherchent à maximiser facturation et à réduire les coûts, au détriment du service du client. Ce qui, à moyen terme, pénaliserait fortement l'entreprise.

Force est, néanmoins, de reconnaître que dans la plupart des entreprises qui pratiquent la variabilisation des rémunérations, les cas le plus fréquemment rencontrés sont les suivants :

- variabilisation faible (8 à 10 %) du salaire des cadres moyens sur la base d'indicateurs qualitatifs récapitulés dans des évaluations annuelles ;

- variabilisation des cadres supérieurs ou dirigeants pour une part plus importante (20-30 % de la rémunération totale) sur des critères économiques, « objectifs » de création de valeur tels que le ROCE*, le résultat net....

Dans ce deuxième cas, derrière une apparence « d'objectivité », le choix souvent exclusif de critères financiers reflète une difficulté à prendre en compte et à mesurer des performances sur la vision stratégique à plus long terme, qui implique une remise en cause permanente de la valeur fournie au client, des processus qui fournissent ces valeurs, des compétences à mettre en œuvre..., tous critères de développement durable plus difficiles à mesurer.

Le risque, derrière une telle carence, est d'induire des attitudes très orientées vers la recherche de la profitabilité à très court terme et non vers la recherche de la création de valeur à long terme. Il est facile pour une entreprise d'améliorer « rapidement » ses ratios de retour sur fonds propres par des mesures « mécaniques » de réduction des investissements, voire de restructuration des actifs grâce à des techniques dites de « déconsolidation ».

Ces opérations « mécaniques » peuvent être utiles à des fins de communication financière, voire de restructuration financière, pour lever des capitaux. Ces mesures ne sauraient constituer, à elles seules, une stratégie de création de valeur à très long terme, qui passe par le développement durable de la valeur apportée au client.

5. Des méthodes au service de la gestion et non l'inverse

Ces dernières années de nouveaux ouvrages ont développé des « nouvelles méthodes » visant à rénover le contrôle de gestion : ABC*, ABM*, « value based management », « balanced scorecard »... D'autres approches pourraient compléter cette liste.

Au cours de cet ouvrage, nous avons insisté sur l'importance du cadre de pilotage, autour des deux piliers que constituent la stratégie et la culture d'entreprise. La stratégie fournit le cadre du développement de la valeur à long terme. La culture d'entreprise définit le cadre de la communication et des relations entre les hommes.

Les « nouvelles » méthodes viennent s'intégrer dans la démarche de déploiement de la stratégie et ne peuvent, aucunement, se substituer à une réflexion stratégique préliminaire structurée dans le temps.

Nous avons montré comment la méthodologie « balanced scorecard » permettait de structurer les indicateurs de performance autour de quatre grands domaines. Bien exploitée, cette méthodologie facilite la lisibilité du reporting et donc la communication qui l'accompagne.

Les méthodologies de gestion par la valeur* ont éclairé le choix des indicateurs de performance économique qui ne s'appuient pas seulement sur l'analyse de résultats, mais sur la comparaison avec les capitaux employés. Les indicateurs de ROE*, ROCE*, sont, à cet égard, devenus des « classiques ».

Par ailleurs, au plan du pilotage opérationnel, la sensibilisation des responsables au coût de consommation des capitaux constitue, dans nombre d'entreprises, une avancée importante.

Le même principe s'applique aux techniques de comptabilité par activité (ABC*). Une vision stratégique préalable des facteurs clés de succès et des domaines (produits / marchés) est indispensable. Bien utilisée, cette technique va permettre de :

- Fiabiliser l'imputation des coûts grâce à des unités d'œuvre plus proches des lois d'évolution des coûts sur des destinations (domaines stratégiques et facteurs clés de succès correspondant aux orientations de l'entreprise).

- Mesurer le rapport coût /bénéfice de certaines décisions stratégiques (par exemple : complexité, disponibilité) pour le piloter.

- « Gérer » et non pas seulement « constater » des coûts au travers d'unités d'œuvre constituant, elles-mêmes, des leviers opérationnels.

Exemple d'utilisateur de la méthode ABC

Entreprise agro alimentaire

Nous avons vu au chapitre 1, dans l'exemple rapportant le cas d'une entreprise agroalimentaire, qu'une fois les objectifs stratégiques définis, l'entreprise a utilisé les techniques de pilotage par activité, d'une part, à des fins de meilleure connaissance des prix de revient afin de mieux maîtriser ses résultats et, d'autre part, à des fins d'amélioration opérationnelle des performances pour réduire les coûts. Les exemples de leviers opérationnels et d'indicateurs déclinés à cet égard sont présentés au chapitre 1, figure 1.7.

Nous développons à nouveau cet exemple pour montrer l'importance d'une formulation stratégique préalable à la mise en œuvre d'un système de pilotage. Dans cette entreprise, la direction générale avait défini, au préalable, les objectifs stratégiques suivants :

- Réduire les coûts industriels au prix d'une éventuelle réduction de la diversité, de la flexibilité et de la complexité.

- Mieux maîtriser les coûts logistiques et leurs répercussions.

- Réduire les coûts promotionnels et de merchandising.

Les domaines stratégiques produits marchés avaient été identifiés sur cette base et, après identification des processus de l'entreprise (cf. paragraphe 2.2), un modèle d'analyse d'activité avait été défini. Nous reproduisons la synthèse de ce modèle ci-après (Figure 5.3).

Le principe en était d'identifier les activités et leur relation avec :

- les domaines stratégiques produits marchés (par exemple : grande distribution, revendeurs indépendants...) ;

- les facteurs clés de succès (volume, flexibilité, complexité, promotions...).

A chaque relation entre une activité et des destinations, était associé un vecteur de coût représentatif des lois d'évolution des ressources.

En outre, pour répondre à des enjeux de performance transverses, un système de pilotage par les processus, associant les diverses fonctions de l'entreprise, avait été mis en œuvre, notamment pour les processus production, logistique, marketing et R&D. Les indicateurs suivis ont été détaillés au paragraphe 2.2 pour le processus production. Au plan de la culture de gestion, le changement radical avait consisté à associer diverses fonctions pour travailler ensemble sur des indicateurs et des leviers opérationnels précis.

Figure 5.3 : Modèle d'activités

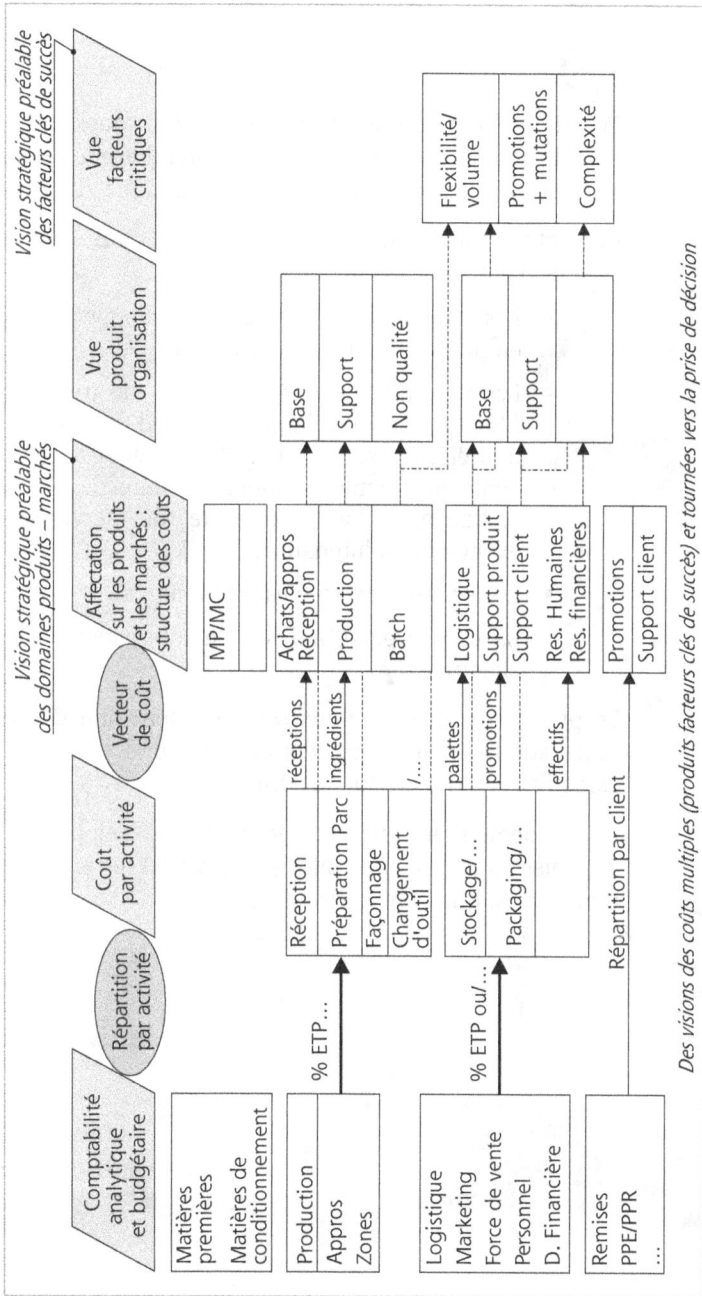

Vision stratégique préalable des facteurs clés de succès

Vision stratégique préalable des domaines produits – marchés

Des visions des coûts multiples (produits facteurs clés de succès) et tournées vers la prise de décision

6. Le rôle du contrôleur de gestion dans l'évolution de la culture d'entreprise

Pour illustrer les évolutions de la fonction contrôle de gestion, il nous a semblé pertinent de prendre pour exemple une société française du secteur Aéronautique /Défense.

Ce secteur est d'autant plus intéressant qu'il s'agit d'un secteur d'activité « complexe » :

- Les efforts de recherche et développement sont, en proportion du CA, très élevés.

- Les produits ont des durées de vie très longues (20 à 25 ans) et la rentabilité d'un programme doit être appréciée sur cette durée, en y intégrant vente de première monte et vente de pièces de rechange, ainsi que vente de services (par exemple : maintenance).

- Le secteur d'activité est cyclique.

- La concurrence, à l'échelle internationale, y est acharnée.

Le premier point qu'il nous semble intéressant d'illustrer porte sur la façon dont l'entreprise a pris en compte le caractère cyclique de son activité.

Le deuxième point que nous souhaitons développer a trait à la mise en œuvre et au pilotage de processus et de projets transverses, que l'entreprise a entamés.

Exemple d'évolution du rôle du contrôleur de gestion

Groupe du secteur Aéronautique/Défense

L'entreprise a polarisé tous ses efforts et son système de pilotage sur un ratio EBIT*/CA en bas de cycle. Elle a fait évoluer ses procédures de planification et de reporting en conséquence.

L'entreprise étant organisée et dimensionnée sur le bas de cycle, il devient alors essentiel de mettre en place des systèmes de prédiction et de reprévision active pour anticiper /accompagner les hausses de cycle.

Cela a profondément affecté les finalités du processus d'élaboration du budget qui se déroule sur le quatrième trimestre de l'année en cours et porte sur les trois années à venir (le budget étant la première année du plan). Une attention particulière doit être portée lors de ce budget :

- sur différents scénarios possibles en termes de volume d'activité et d'hypothèses de programme ;
- sur des analyses, coûts variables /coûts fixes /CA.

En effet, force est de constater que, dans les organisations complexes, il y a de plus en plus de pilotage de la performance au travers, soit des processus clés, soit de projets transverses, les deux n'étant pas exclusifs l'un de l'autre (cf. chapitre III). Ce phénomène s'accompagne d'un rééquilibrage des pouvoirs entre les responsables de moyens et responsables de projets ou de processus.

Nous développons ci-après le pilotage de la performance par processus entrepris dans cette entreprise. Une dizaine environ de processus sont concernés :

1. Proposer /vendre

2. Concevoir /développer /industrialiser

3. Réaliser le produit demandé

4. Assurer les prestations logistiques

5. Assurer le support client

6. Gérer les ressources humaines

7. Préparer les produits du futur

8. Acheter

9. Assurer la qualité

10. Gérer les ressources financières.

Ces dix processus sont pilotés au travers d'une vingtaine d'indicateurs. Deux axes d'analyse sont systématiquement suivis :

- l'avancement des actions de progrès relatives au processus,

- la valorisation des bénéfices escomptés au travers de la mise en œuvre des actions.

Chaque processus est piloté par un « animateur /propriétaire » du processus.

Prenons l'exemple du processus « acheter ». Le responsable du processus est le directeur des achats (il s'agit là d'un cas simple ; en général, le « propriétaire » du processus exerce une autre responsabilité). Un projet a été lancé pour réduire les coûts d'achats sur l'ensemble du portefeuille « Achats » (matières premières, façonnage, frais généraux, etc.)

Un suivi détaillé du projet, par famille d'achat, a été mis en place afin de mesurer l'avancement des actions et de valoriser les gains escomptés. Ce reporting au niveau du projet a permis d'aboutir à la valorisation au global de réductions de coûts d'achats.

C'est cette performance globale et cet indicateur de synthèse qui sont remontés dans le tableau de bord de synthèse, regroupant les dix processus, pour la direction générale.

Il était important de vérifier que la valorisation des gains dans le suivi du projet aboutirait à une économie réelle *in fine*. C'est ce qui a pu être démontré, en « rebouclant » avec la comptabilité.

Dans ce système de pilotage, toute la valeur ajoutée des contrôleurs de gestion repose sur l'évaluation de l'impact des plans d'action et leur validation /traduction en économies réelles. Les contrôleurs de gestion ont, de plus en plus, la responsabilité concrète de l'organisation des réunions d'avancement et de la mise en forme de leur conclusion.

Au-delà du projet de réduction des coûts d'achat, le processus « acheter » fait l'objet d'un pilotage qui repose pour l'essentiel sur les indicateurs suivants :

- % de fournisseurs cotés régulièrement,
- évolution des prix d'achat,
- retard fournisseurs.

Comme le font observer le directeur financier et le directeur du contrôle de gestion de l'entreprise, les contrôleurs de gestion doivent pour cela être au plus près des opérationnels (ou fonctionnels). Il est impératif qu'ils sachent se poser les bonnes questions et anticiper l'évolution et l'impact des plans d'action.

Tous deux insistent sur les capacités de communication et de négociation requises. Les contrôleurs de gestion suivent d'ailleurs deux formations spécialisées sur ces deux thèmes :

- capacités de négociation,
- communication.

En effet, chaque responsable a tendance, par système de défense, à se mettre en position de négocier.

Il est essentiel donc que des relations étroites responsables opérationnels /contrôleurs de gestion se mettent en place dans l'entreprise pour le pilotage économique, en particulier des processus et des projets.

L'organisation de la direction du contrôle de gestion reflète bien cette préoccupation. Elle repose sur une organisation par processus. La vingtaine de collaborateurs est organisée en trois pôles chargés d'animer les processus suivants :

1. Planification
2. Reporting
3. Processus budgétaire /règles de gestion et outils

Pour chaque pôle, les contrôleurs de gestion centraux animent des contrôleurs de gestion « opérationnels », positionnés quant à eux dans les entités opérationnelles.

Cet exemple nous amène à conclure sur les trois changements majeurs de la fonction « Contrôle de gestion » depuis les 20 dernières années.

6.1 Le rôle du contrôleur de gestion : un positionnement très lié à la taille, à la complexité de l'entreprise et à sa culture

Depuis ces vingt dernières années, la fonction « contrôle de gestion » a évolué dans le temps, non seulement sous la pression d'un contexte économique (accélération du cycle de vie des produits, passage d'une économie de l'offre à une économie de la demande, modifications continues des comportements des consommateurs…), mais également grâce aux apports de nouvelles méthodes et de nouveaux outils.

La mise en place de nouveaux outils (par exemple : ERP*) a permis de simplifier la production des informations de gestion et de libérer les contrôleurs de gestion des tâches de production.

Par ailleurs, les nouvelles méthodes (par exemple : ABC*, tableau de bord balanced scorecard, etc.), reposent très souvent sur des analyses multi-critères et croisées ; elles ne peuvent être mises en place qu'à l'aide de systèmes d'information de gestion, capables de gérer beaucoup d'informations, de les extraire et les agréger automatiquement, selon différents axes d'analyse, paramétrables en fonction des besoins.

Le rôle du contrôleur de gestion évolue donc, très nettement, de la production de chiffres et d'informations, au sens large, vers un rôle d'aide au pilotage des performances. Cette évolution est néanmoins plus ou moins marquée selon la taille des entreprises. Dans certaines petites entreprises, l'activité du contrôleur de gestion pour une part, encore importante, a trait à l'administration du système d'information.

Le positionnement du contrôleur se fait selon :

- le degré de complexité de l'entreprise,
- la taille de l'entreprise (Figure 5.4).

Figure 5.4
Le positionnement du contrôleur de gestion

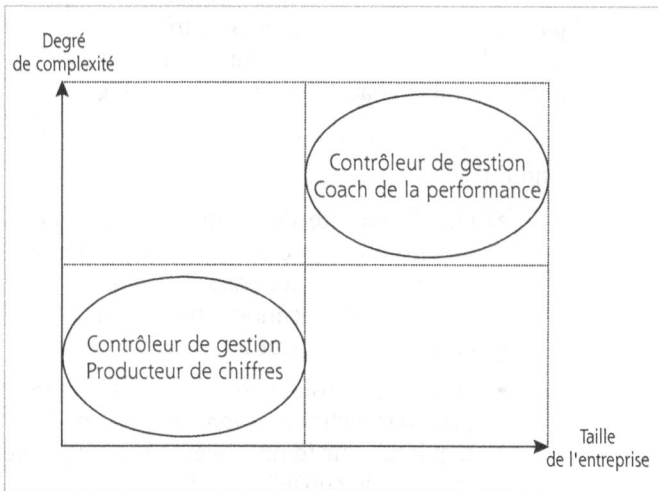

Le degré de complexité de l'entreprise varie, entre autres facteurs et sans être exhaustifs, selon les critères suivants :

- Le secteur d'activité : activité nécessitant en particulier d'importants efforts de R&D et d'industrialisation, ou bien d'importants investissements (infrastructures, investissements corporels mais également marketing), et/ou activité à cycle long...
- La taille du marché : marché mondial.
- La pression concurrentielle : marché très concurrentiel.

La taille de l'entreprise est directement liée à son chiffre d'affaires et au nombre de ses salariés.

Dans une petite entreprise opérant sur un marché de faible complexité, les fonctions de contrôleur de gestion et de comptable sont confondues. Le contrôleur de gestion est essentiellement en charge de la production des données chiffrées et c'est en définitive le patron qui pilote la performance de « son » entreprise.

Dans des entreprises de taille importante, opérant sur un marché mondial et regroupant très souvent différentes lignes de production, le contrôleur de gestion doit être davantage un « coach » de la performance.

Ce positionnement ne pourra être effectif qu'à certaines conditions :

- Que la culture de l'entreprise, au travers de son organisation décentralisée, de son système de valeurs et de reconnaissance, mette l'accent sur la performance économique, comme nous avons cherché à l'illustrer au chapitre 2.

- Que les contrôleurs de gestion disposent des compétences techniques mais également des capacités requises pour remplir pleinement leur rôle d'assistance et de conseil.

6.2 La mission de « vigie » du contrôleur de gestion

Le contrôleur de gestion doit apporter à la direction générale de son entreprise les informations qui lui permettent, non seulement de mesurer l'atteinte des objectifs à court terme, mais également de sécuriser cette atteinte à long terme (« sommes-nous en ligne avec nos objectifs ? ») et de vérifier la cohérence court terme /long terme.

A cet effet, il doit mettre en place différents systèmes de mesure, afin de rendre le plus objectives possible ses observations et recommandations.

1. Des systèmes de mesure des réalisations :
   - reporting,
   - tableau de bord de type « balanced scorecard »,

- benchmarks,
- etc.

2. Des systèmes de prédiction et de reprévisions actives :
   - budget et actualisations budgétaires,
   - plan MT /plan stratégique,
   - modèles de simulation,
   - etc.

3. Des systèmes de suivi de plan d'action :
   - avancement du planning,
   - avancement et captation des gains, des bénéfices...,
   - etc.

La mise en place de ces trois systèmes de mesure pose à son tour trois types de difficultés auxquelles la fonction « contrôle de gestion » devra faire face :

- Le maintien d'une cohérence entre la comptabilité et les systèmes de mesure du contrôleur de gestion. A titre d'exemple, un système de suivi d'un plan de réduction de coûts d'achats permettra :
  - de mesurer le niveau de réduction des coûts d'achats sur quelques échantillons et opérations pilotes,
  - de simuler la réduction globale au travers d'actions de généralisation..., qu'il faudra nécessairement vérifier en « grandeur réelle » sur la comptabilité.

  Pour que cette cohérence soit préservée, il faut que les comptables et les contrôleurs de gestion se partagent le même système d'information, qui sera paramétré en fonction de leurs besoins d'analyse spécifiques et respectifs.

- La mise en cohérence entre ces trois systèmes de mesure et l'organisation : la mesure des performances d'un responsable qui a, par définition, un positionnement hiérarchique doit s'intégrer dans un cadre de pilotage stratégique plus large (processus, balanced scorecard...).

- L'articulation avec la stratégie et les objectifs stratégiques, d'où la nécessité de disposer, au travers du système d'information, de différentes axes d'analyse :
  - produits marchés,
  - processus,
  - activités,
  - centre de responsabilités, etc.

6.3 L'évolution des compétences du contrôleur de gestion

Au-delà de ses compétences techniques, le contrôleur de gestion le plus recherché devra disposer de capacités lui permettant de jouer pleinement son rôle d'assistance et de conseil..., sans abandonner son sens critique. Il devra donc :

- avoir un bon relationnel,
- être un bon communicant et savoir s'adapter à son interlocuteur,
- être force de proposition,
- être négociateur,
- être capable de fédérer,
- savoir gérer le stress.

En effet, le contrôleur de gestion est devenu un animateur ; d'où l'importance accordée aujourd'hui aux capacités en communication. Il doit être un bon négociateur, mais doit savoir, également, « gérer le stress des opérationnels » : trouver, en quelque sorte, le bon compromis entre plus de performance et la mise sous tension, ne pas trop déstabiliser, préserver les marges de manœuvre pour après-demain.

C'est dans ce sens qu'il est le « coach » de la performance, avec cet équilibre à trouver entre assistance /mise sous tension.

Figure 5.5
L'équilibre dans le positionnement du contrôleur de gestion

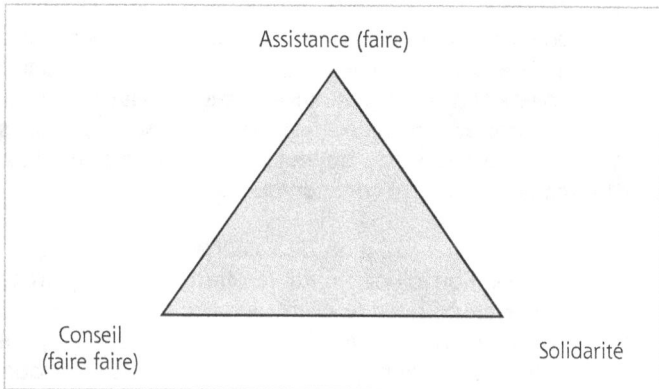

Assistance (faire)

Conseil
(faire faire)   Solidarité

Au-delà des compétences techniques et des capacités de communication et de négociation, le contrôleur de gestion devra également respecter certaines règles de comportement et partager certaines valeurs avec les opérationnels. Il devra :

- être de connivence avec les opérationnels et pour cela aller fréquemment sur le terrain,
- agir en toute transparence à l'égard des opérationnels,
- inspirer confiance,
- faire preuve de solidarité.

En résumé

Les nouvelles méthodes de contrôle de gestion doivent être considérées comme des outils qui permettent la mise en œuvre d'un système de pilotage d'ensemble et non pas comme une fin en soi. Au-delà des méthodes, cette mise en œuvre d'un système de pilotage repose sur l'adhésion des collaborateurs et des dirigeants à un système de valeurs et à un projet commun : en effet, beaucoup de stratégies échouent au stade de leur mise en œuvre car elles sont mal comprises et mal communiquées.

Par ailleurs, la création de valeur à long terme, qui passe par l'élaboration d'une véritable stratégie d'offre en termes de valeur créée pour le client, impose le développement de la coopération transversale ; il est en effet indispensable de piloter la performance dans un cadre plus large que celui de l'organisation hiérarchique classique, afin de coordonner les différentes entités intervenant sur les mêmes enjeux de performance, en particulier sur les processus orientés vers le client.

Les intérêts personnels et collectifs des collaborateurs comptent parmi les facteurs d'amélioration de la performance, et les systèmes de reconnaissance individuels et collectifs doivent être adaptés, en conséquence, de manière continue.

Enfin, les améliorations apportées en termes de méthodes et d'outils ont conduit à une évolution du rôle du contrôleur de gestion dans l'entreprise :

- Le contrôleur de gestion est devenu davantage un « coach de la performance » qu'un producteur de chiffres.

- Le contrôleur de gestion exerce un rôle de vigie pour le compte de la direction générale ; il a en charge, non seulement la mesure des résultats atteints, mais également les anticipations et les reprévisions.

Dans ces conditions, les compétences requises aujourd'hui pour un poste de contrôleur de gestion intègrent, en plus des compétences techniques indispensables, des capacités en matière de communication, lui permettant d'exercer pleinement son rôle d'assistance et de conseil auprès des opérationnels.

Glossaire

ABC (Activity Based Costing) : comptabilité par activités

Désigne des modèles d'allocation des coûts reposant sur un lien « vecteur de coût » entre des regroupements « techniquement homogènes » de tâches ou « activités » (par exemple : facturer, comptabiliser...) et des destinations diverses (produits, marché...). Le « vecteur de coût » doit correspondre à une loi technique d'évolution des ressources (par exemple : nombre de factures, nombre de lignes d'écritures), le principe étant de justifier les coûts par des consommations réelles de ressources.

ABM (Activity Based Management) : gestion budgétaire par activités

Exploitation du modèle d'activités décrit dans la définition d'ABC à des fins de construction budgétaire. Le budget est construit sur la base d'activités et de volumes d'unité d'œuvre (« vecteurs de coût ») associés.

Bêta (ou coefficient bêta)

Coefficient de volatilité qui indique la relation existant entre fluctuation du marché et fluctuation de la valeur du titre.

BFR : Besoin en fonds de roulement (équivalent anglo-saxon : Working Capital Need)

Se décompose en BFR d'exploitation et BFR hors exploitation. Le BFR d'exploitation représente le solde des emplois et des ressources d'exploitation (en résumé : stocks + clients – fournisseurs). Il correspond à l'immobilisation d'argent par l'entreprise pour financer son cycle d'exploitation.

La gestion du BFR impacte directement la trésorerie de l'entreprise et donc la structure financière à mettre en place. Si les composantes du BFR se renouvellent à un cycle régulier, le BFR reste relativement stable à activité constante.

Capacité d'autofinancement (CAF)

Elle représente l'épargne dégagée par l'entreprise sur un exercice et indique sa capacité à financer son propre développement. En pratique, elle se calcule comme suit :

CAF = résultat net comptable + charges calculées – produits calculés

Soit CAF = résultat net comptable + dotation aux amortissements et provisions – reprises sur amortissements et provisions.

Capitaux employés (investis)

Somme des dettes et des fonds propres.

Cash flow

A ne pas confondre avec capacité d'autofinancement ; le cash flow représente le flux de trésorerie figurant au bas du tableau de financement. Précisément, le cash flow correspond à la différence entre l'excédent de trésorerie d'exploitation (EBE – variation du besoin en fonds de roulement) minorée de l'impôt payé avec les dépenses d'investissements de la période et le résultat financier.

Coût des fonds propres

Le coût des fonds propres, qui correspond à la rémunération attendue des apporteurs de capitaux, dépend, selon les théories modernes de marché, de trois facteurs :

- Le taux de rémunération d'un placement à moyen-long terme sans risque (par exemple : obligations du trésor), soit rf.
- Le niveau de risque moyen d'un portefeuille représentatif de marché, soit rm.
- Le ß propre à l'entreprise.

Le coût des capitaux propres peut s'exprimer ainsi :

coût des fonds propres = rf + ß (rm − rf)

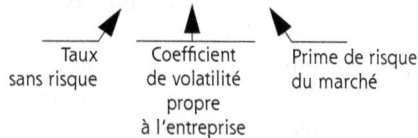

| Taux sans risque | Coefficient de volatilité propre à l'entreprise | Prime de risque du marché |

Coût moyen pondéré du capital ou CMPC (équivalent anglo-saxon : Weighted Average Cost of Capital)

Le coût moyen pondéré du capital, ou coût du capital, correspond au seuil exigé par les pourvoyeurs de fonds de l'entreprise (actionnaires et créanciers) pour financer les projets. Il comprend deux parties : le coût des fonds propres (Ke) et le coût de la dette (Kd) (déduction faite de l'impact de l'économie d'impôt sur les bénéfices).

Coût moyen pondéré du capital = $X Ke + (1 − X) Kd (1 − t)$, dans lequel X représente la proportion de fonds propres et t le taux d'imposition sur les bénéfices.

EBITDA (ou équivalent français EBE)

Solde entre les produits d'exploitation et les charges d'exploitation (hors amortissements et provisions pour actifs) nécessaires pour obtenir les produits. Il s'agit d'un agrégat proche de la notion de trésorerie d'exploitation, relativement neutre par rapport aux différences de méthodes comptables qui concernent surtout les provisions et les amortissements. Il est donc très utilisé pour des comparaisons inter-sociétés à l'intérieur d'un groupe, notamment international.

L'EBITDA doit être interprété comme un agrégat de trésorerie d'exploitation et non comme un agrégat de résultat.

Endettement net (= dette financière nette)

Représente le solde, d'une part, des dettes financières de l'entreprise (long, moyen et court terme), et d'autre part du disponible et des placements financiers. Il s'interprète comme la situation nette de l'entreprise vis-à-vis des tiers, hors cycle d'exploitation.

ERP (Entreprise Resource Planning system)

Désigne des progiciels de gestion des opérations intégrés. La notion d'intégration peut s'apprécier sous divers aspects :

- L'offre couvre, en principe (mais pas toujours), l'ensemble des domaines fonctionnels opérationnels de l'entreprise (achats, production, ventes, expéditions, comptabilité, gestion du personnel), permettant donc une homogénéisation des interfaces hommes-machines.

- Les données sont définies de manière unique (« intégrée ») au sein d'une base de données relationnelle facilitant les échanges de données (« interfaces ») entre domaines fonctionnels.

- Les traitements sont enchaînés de manière à faciliter précisément l'enchaînement (« intégration ») des opérations à l'intérieur des processus et entre les processus. On parle ainsi, par exemple, d'intégration de la « supply chain », ce qui revient à dire qu'une commande d'un client va se répercuter automatiquement à travers les processus de prise de commande, stockage, production, jusqu'à la commande d'achat dans le cas de produits indus-triels. Il s'agit toutefois de schémas souvent théo-riques dans la mesure où peu nombreuses sont les entreprises où les processus sont « totalement intégrés » (notamment la supply chain). La plu-part du temps, l'intégration est partielle et couvre quelques processus pour lesquels elle représente un enjeu fort (par exemple : achats – appros – compta – stocks ou ventes – facturation – compta – expéditions).

Free Cash flow
(en français : flux de trésorerie disponible)

Correspond au cash flow duquel on élimine l'impact du résultat financier. Le free cash flow est fréquemment utilisé dans les groupes où la gestion du financement est centrali-sée pour mesurer la contribution des filiales ou divisions à la trésorerie d'ensemble. La neutralisation du résultat financier permet de responsabiliser filiales et divisions sur des éléments qu'elles maîtrisent réellement.

Gestion par la valeur

Désigne, de manière générique, le pilotage de la perfor-mance économique reposant, de façon synthétique, sur le principe que la rémunération des capitaux investis par les actionnaires (capitaux propres) dans l'entreprise doit être supérieure à la rémunération offerte par le marché pour une même classe de risque. Dans ce cas, l'entreprise crée dans la valeur ; dans le cas contraire, elle détruit de la valeur, indépendamment des résultats financiers mesurés en valeur absolue.

Les indicateurs les plus usuels associés à la création de valeur sont le ROCE, le ROE, le ROI, le CMPC (cf. défini-tions). Voici une mesure simplifiée pour calculer la créa-tion de valeur :

Valeur créée (détruite) = résultat exploitation (net d'IS) – capitaux employés × CMPC.

Résultat d'exploitation (équivalent anglo-saxon : EBIT)

A la différence de l'EBE, le résultat d'exploitation prend également en compte le cycle d'investissements au travers des charges calculées (dotation aux amortissements et provisions). Il reflète l'accroissement de richesses dégagé par l'activité industrielle et commerciale de l'entreprise.

ROCE (Retour sur capitaux employés = rentabilité économique. En anglais : ROA = Return on Assets)

Mesure la performance « industrielle » de l'entreprise, c'est-à-dire l'efficacité de l'utilisation des moyens économiques de l'outil de travail au travers des résultats qu'ils génèrent, indépendamment de l'impact des modes de financement qui se traduisent par un niveau de charges et produits financiers.

De ce fait, la mesure la plus courante du ROCE[18] est la suivante :

$$\text{ROCE} = \frac{\text{résultat d'exploitation (EBIT) après impôt théorique}}{\text{immobilisation d'exploitation nettes} + \text{besoin de fonds de roulement d'exploitation (net)}}$$

L'interprétation du ROCE peut se faire selon deux axes :

1. L'analyse, dans le temps, donne une idée de l'évolution de la performance opérationnelle.

2. La comparaison du ROCE avec le coût moyen pondéré du capital indique si l'entreprise, ou l'entité au sein de l'entreprise, est créatrice ou destructrice de valeur. Le ROCE est fréquemment utilisé pour mesurer la performance économique,

---

18. La définition du ROCE varie néanmoins selon les entreprises comme indiqué dans notre ouvrage.

particulièrement pour des divisions juridiquement non autonomes, gérées en tant que centres de profit au sein d'un groupe. Pour des divisions qui ne maîtrisent pas la structure de leur financement, la notion de ROE n'a en effet pas de sens.

ROE (Return on Equity : rentabilité financière)

Rentabilité appréciée du point de vue de l'actionnaire. En pratique, le ROE se calcule souvent sur le rapport résultat net comptable /capitaux propres. Certains retraitements peuvent être nécessaires au niveau individuel des filiales d'un groupe international afin d'ajuster les résultats sur des normes communes.

L'interprétation du ROE a un sens par rapport au retour escompté des actionnaires (Ke = coût des fonds propres ; cf. coût moyen pondéré du capital). Une entreprise dont le ROE est supérieur au coût des fonds propres crée de la valeur pour ses actionnaires. Elle en détruit dans le cas contraire.

ROI (Return on Investment : indice de profitabilité)

C'est l'indice qui mesure combien de fois on récupère en recettes le montant de l'investissement effectué. Il mesure donc l'efficacité du capital investi et permet de comparer des investissements de montants différents.

Pour un taux d'actualisation donné, on ramène ce que le projet rapporte aux décaissements qu'il implique, soit :

$$\frac{\Sigma \text{ flux nets de trésorerie}(1 + \mathbf{i})^{-k}}{\text{Io}}$$

Io = Investissement initial
K = taux d'actualisation. En pratique, ce taux doit correspondre au coût moyen pondéré du capital ou à un coût adapté, en plus ou moins, en fonction de la classe de risque de l'investissement.

Strategic Business Unit

Désigne, au sein d'un groupe, une entité stratégiquement « autonome » quelle qu'en soit la structure juridique, filiale ou division. L'autonomie stratégique se traduit concrètement par des degrés de liberté significatifs dans l'allocation des ressources d'exploitation et d'investissements et, corrélativement, dans la structuration de l'offre de produits et services.

Les strategic business units sont, en général, régulées dans une logique de centres de profits pour lesquels la notion de rentabilité économique (ROCE) est une mesure pleinement pertinente de la mesure des performances, puisque l'entité a la maîtrise de ses ressources et de ses produits.